로직아이 샘

펴내는 글 & 일러두기

로직 있는 아이들 위하여…

독서는 감동입니다. 감동은 집중력을 높여 줍니다. 어렸을 때 감동하면서 책을 읽은 아이들이 다른 일도 잘합니다.

독서는 핵심입니다. 핵심을 파악해야 발전합니다. 모든 사건에는 핵심이 있고 모든 일은 핵심을 중심으로 전개됩니다. 독서는 전체의 흐름과 핵심 파악에 도움을 줍니다.

독서는 꿈입니다. 독서는 꿈의 실현이 아니라 꿈을 꾸게 하는 다리입니다. 꿈을 꾸는 사람만이 꿈을 이룰 수 있습니다.

독서만이 미래이고 독서만이 희망입니다. 병들기 전에 병을 치료하는 일이 좋은 일이듯, 문제가 발생하지 않도록 하는 일이 중요합니다. 독서는 병들기 전에 치료하는 최고의 보약입니다.

〈로직아이〉는 모든 선생님과 학부모 그리고 대한민국 모든 아이들이 건강하고 행복하기를 기원합니다.

집필자들을 대신하여
(주) 로직아이 리딩교육원 원장 박우현

교재의 특징

▶ 이 교재는 오직 독서지도만을 위한 교재입니다. 그러나 이 교재의 사용은 자연스럽게 글쓰기 논술 실력도 늘게 합니다.
▶ 이 책에는 해당 책을 이용한 PSAT(공직 적격성 평가 : 행정 고시, 기술 고시 1차 시험)와 LEET(사법 고시를 대신하는 법학 전문 대학원 입학시험 문제) 형식의 문제가 수록되어 있습니다. 아이들에게 대입 수능 시험 형식이나 고급 공무원 시험 형식에 대해 친근한 느낌을 갖게 할 것입니다.

교재 사용 방법

1. 이 교재를 사용하기 위해서는 반드시 가르치는 사람과 아이들은 해당 책을 읽어야 합니다. 그 후에 교재 속의 문제들을 풀면 그것만으로도 그 책을 다시 한번 읽는 셈이 됩니다.
2. 단계별로 구성되어 있기는 하지만 아이들의 성향이나 독서 능력에 따라 자유롭게 활용해도 무방합니다.
3. 각각의 교재는 6권의 책으로 구성되어 있지만, 그 순서는 교사나 학부모가 정할 수 있습니다. 아이들의 취향이나 선생님의 지도 방법에 따라 선택 지도할 수 있습니다.

〈감사의 말씀〉 이 교재 속에 수록된 텍스트와 이미지 사용을 허락해 준 모든 출판사에 감사드립니다.

목 차

잘못 뽑은 반장
4쪽

생명, 알면 사랑하게 되지요
14쪽

우리 학교가 사라진대요!
24쪽

걱정을 걸어두는 나무
34쪽

트리갭의 샘물
44쪽

로봇 친구 앤디
54쪽

잘못 뽑은 반장

이은재 글 | 서영경 그림 | 주니어김영사

영역 | 문학 언어
주제 | 학급 선거, 책임감

목표

1. 각 인물이 처한 상황과 감정을 이해할 수 있다.
2. 학급 임원이 가져야 할 여러가지 덕목들을 생각해 볼 수 있다.
3. 나와 친구, 나와 가족들 사이의 올바른 관계를 생각해 볼 수 있다.

줄거리

말썽꾸러기 이로운은 자신을 무시하는 친구들의 코를 납작하게 해 주기 위해 반장 선거에 나간다. 협박과 거짓말로 반장에 당선되지만 반장 역할을 하지 않는 이로운의 반은 곧 엉망진창이 된다. 이로운은 반장다운 반장이 되기 위해 노력하고 그 과정에서 반 친구들과 화해할 뿐만 아니라 장애인 누나를 이해하게 된다.

도서선정이유

이 책은 주변에서 흔히 볼 수 있는 말썽꾸러기 아이가 반장이 되면서 그에 맞는 역할을 하기 위해 스스로 노력하는 모습을 보여 준다. 그 과정에서 주인공은 반장으로서의 책임감과 자신감을 갖는다. 아이들은 이 책을 통해 문제 해결 방법과 친구들과 관계 맺는 방법을 배울 수 있다.

1 학교에서 반장을 뽑을 때 어떤 과정을 거쳐 선발하나요?

2 반장이 하는 일을 마인드맵으로 정리해 봅시다.

3 반장 선거에 나가는 친구들은 어떤 이유로 반장 선거에 나가나요?

4 지금까지 여러분은 어떤 후보를 반장으로 뽑았나요?

1 엄마가 주인공의 이름을 '이로운'이라고 지은 이유는 무엇인가요?

_____

2 담임 선생님이 주인공의 이름을 '해로운'이라고 부르는 이유는 무엇인가요?

_____

3 로운이는 대광이가 반장 선거에 나간다는 말을 듣고 재미 삼아 반장 선거에 나가려고 합니다. 그런데 어떤 이유 때문에 반장 선거에서 꼭 이겨야겠다고 결심했나요?

_____

_____

4 로운이는 반장 선거에 나갔다가 여덟 표를 얻어 반장이 됩니다. 로운이는 무엇이 되겠다고 하였나요?

5 로운이가 반장이 된 후에 4학년 5반은 학교에서 가장 시끄러운 반이 됩니다. 그 이유는 무엇인가요?

_____

6 로운이는 누나의 이야기를 듣고 반장으로서 친구들에게 점수를 따기로 결심합니다. 이날 학교에 가서 로운이가 친구들에게 했던 일들은 무엇 무엇인가요?

7 로운이는 선생님께 칭찬을 듣자 '어색해서 몸이 움찔'하고 '자꾸만 발바닥이 간질간질하고, 입꼬리가 씰룩씰룩거리는 반응'을 보입니다. 로운이는 이 증상을 무엇이라고 불렀나요?

8 1학기 때 반장이었던 제하는 틈만 나면 로운이를 깎아내리고 무시합니다. 결국 화가 난 로운이는 미술 시간에 제하의 어떤 행동을 폭로했나요?

9 로운이는 누나가 슈퍼마켓 주인 아들 재천이에게 괴롭힘을 당해도 나서지 않습니다. 그 이유는 무엇인가요?

10 로운이는 이틀 연속 결석한 제하네 집을 찾아갑니다. 제하가 학교에 빠진 이유는 무엇이고, 로운이가 제하네 집을 찾아간 이유는 무엇인가요?

1 아래 글을 읽고 로운이와 아이들의 행동에 어떤 문제점이 있는지 써 봅시다.

> 나는 남은 음식들을 그대로 잔반통에 부어 버렸다. 반찬을 남겨서 백희에게 잔소리를 듣고 있던 정규가 나를 보고 코웃음을 치며 말했다.
> "야, 조백희! 너 봤지? 반장이란 자식도 저렇게 마음대로 음식을 버리는데 왜 나한테만 깐깐하게 구는 거야?"
> 백희는 쩔쩔매는 얼굴로 나를 원망스럽게 쳐다볼 뿐 아무 대꾸도 하지 못했다. 그 사이 정규는 성큼성큼 걸어가서 잔반통에 반찬을 쏟아 버렸다. 백희 눈치만 살피고 있던 남자애들 몇몇도 때를 놓치지 않고 잽싸게 일어나서 잔반통이 있는 곳으로 달려갔다.

2 로운이의 아빠는 로운이에게 반장은 '봉사'와 '희생'을 해야 한다고 말합니다. 학급의 임원들이 하는 '봉사'와 '희생'의 예를 들어 보세요.

봉사

희생

3 다음 글을 읽고 이로운과 엄마의 관계는 어떤지 추론해 보세요.

> ㉠ "대광아, 나 학교 때려치울까? 전에 어린이 신문에서 얼핏 보니까 학교에 안 다니고 집에서 혼자 공부하는 애들도 있다던데." "야, 꿈도 꾸지 마라. 너희 엄마가 그러라고 하시겠냐?"
>
> 하긴 그 말이 맞았다. 아빠라면 몰라도 엄마는 나를 가르치느니 차라리 직접 책가방을 메고 학교에 다니겠다고 할 분이었다.
>
> ㉡ 엄마는 여전히 내가 선거에 나가는 걸 달가워하지 않았다. 누나가 반장 선거에 나간다고 했어도 그랬을까 싶어서 못내 서운했다.

4 다음 글을 근거로 로운이의 성격을 이야기해 보세요.

> "이거 만들어 줬어. 내 신발 도망간 거 찾아 줬어. 음음, 옛날 얘기 잘해."
>
> 누나가 연두색 종이로 접은 개구리를 쑥 내밀면서 떠듬떠듬 말했다. 누나는 마음이 급해지면 말을 할 때 숨소리가 거칠어졌다. 지금도 그랬다. 빨리 얘기하지 않으면 내가 또 화를 낼까 봐 겁을 먹은 게 분명했다. 말을 끝낸 누나가 억지웃음을 지었다.

책을 내 것으로 만드는 아이들

1 여러분이 반장 선거에 나간다면 어떤 내용으로 친구들에게 홍보할 것인가요? 아래에 자기소개와 공약을 적어 보세요.

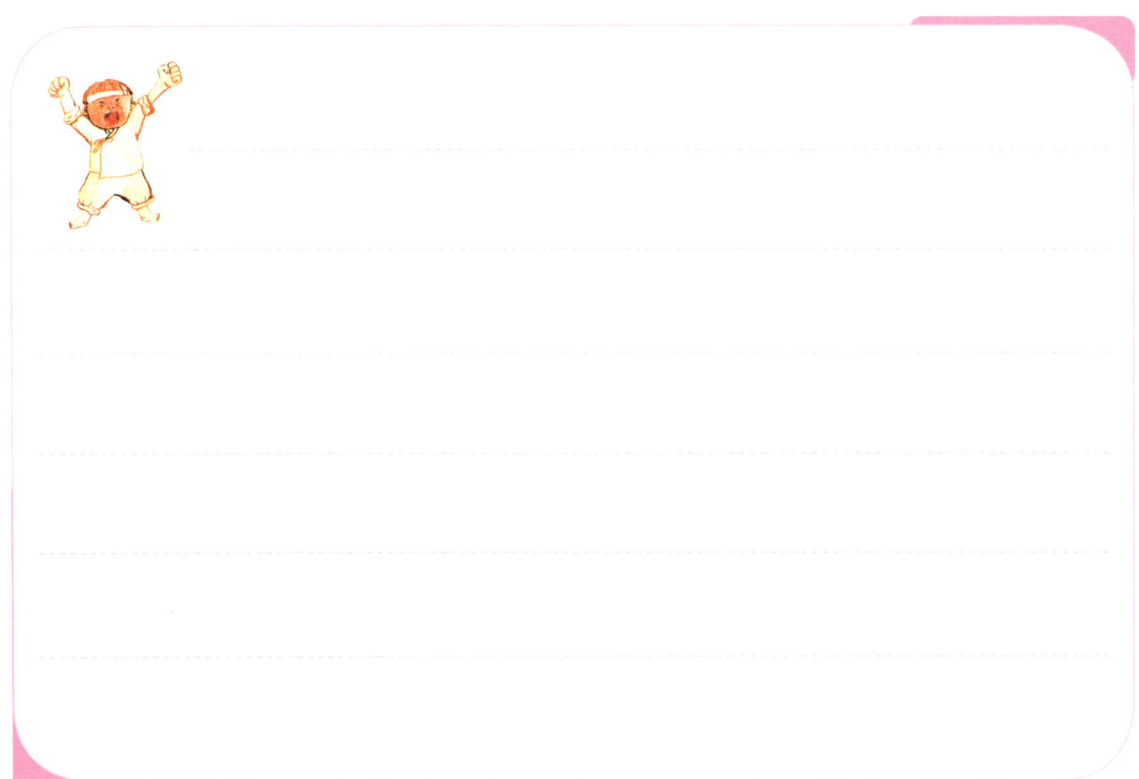

2 제하는 반장으로 뽑아 준 반 친구들에게 고맙다고 인사하러 온 로운이 어머니에게 다음과 같이 말합니다. 재하의 말과 태도에 대해 여러분은 어떻게 생각하는지 근거를 들어 이야기해 보세요.

"로운이 같은 애가 어떻게 우리 반 반장이 돼요? 후보가 너무 많아서 표가 나뉘다 보니까 그렇게 된 거라고요. 로운이는 정신 나간 애들 몇 명이 표를 주는 바람에 잘못 뽑힌 거예요."
제하는 자기가 무슨 심판관이라도 되는 것처럼 또박또박 말했다. 순식간에 엄마 얼굴이 일그러졌다.

3 교감 선생님이 아침 독서 시간에 소란스러워진 로운이네 반 아이들을 꾸짖습니다. 여러분은 이 경우에 누구의 잘못이라고 생각하나요?

> 잘못한 사람

> 그렇게 생각하는 이유

4 슈퍼마켓 주인 아들 재천이는 로운이 누나 루리를 지속적으로 괴롭힙니다. 재천이가 자신의 잘못을 느낄 수 있도록 말해 보세요.

5 여러 명의 후보가 나온 반장 선거에서, 1등이 전체의 30%도 되지 않는 경우가 있습니다. 이때 그 친구를 그냥 반장으로 뽑는 것이 좋을까요? 아니면 상위 두 사람만을 대상으로 결선투표하는 것이 좋을까요? 여러분의 생각을 근거를 들어 주장해 보세요.

1 망치가 죽은 사건의 정황으로 옳지 <u>않은</u> 것은?

> 나는 허락도 받지 않고 망치(개 이름)를 데리고 나간 누나와 그런 누나를 내버려 둔 엄마까지 다 미웠다. 엄마가 따라 나가기만 했어도 망치가 제멋대로 뛰어다니다가 차에 치이는 일은 없었을 거라고 생각하니 화가 끓어올랐다.
>
> 본문 11쪽에서

① 엄마는 그 시간에 집에 없었다.
② 누나는 망치를 제어하지 못했다.
③ 누나는 망치를 혼자 데리고 나갔다.
④ 망치는 밖에 나가자 제멋대로 뛰어다녔다.
⑤ 망치가 차에 치인 것은 우발적인 사고였다.

2 친구들이 한 이야기 중 내용과 거리가 <u>먼</u> 것은?

> "넌 벌점 세 개야." 제하가 선생님이 준 숙제 검사 수첩에 내 이름을 쓰고 빨간색 빗금을 세 개나 그었다. "왜 세 개야? 숙제를 안 해 올 때마다 벌점 하나씩만 주는 거잖아." 내가 따지자 녀석이 코웃음을 쳤다. "벌점을 주는 건 내 마음이야. 반장은 잘못하면 다른 애들보다 벌점을 더 많이 받는 게 당연하지 않아? 억울하면 다음부턴 숙제 해 와." 어처구니가 없었다. 그런 법은 도대체 누가 만들었냐고 물어보려다가 치사해서 그만두었다. 그런데 그 일로 생긴 불똥은 오히려 제하에게 튀었다. "황제하, 네 마음대로 로운이에게만 벌점을 세 개씩 주면 어떡하니? 이건 공평하지 않잖아." 선생님이 숙제 검사 수첩을 확인하다 말고 얼굴을 찌푸렸다. "로운이는 반장인데도 모범이 되지 못했으니까 벌점을 더 줘야 한다고 생각합니다." 제하는 어깨를 꼿꼿이 펴고 또박또박 말했다. 선생님이 인정한 모범생다웠다. "아무리 그래도 네 마음대로 그런 결정을 하는 건 옳지 않아. 법이 모든 국민에게 평등해야 하듯이 이것도 마찬가지야." 선생님은 엄한 얼굴로 말했다.
>
> 본문 114~116쪽에서

① "숙제 검사는 최종적으로 선생님이 하는구나."
② "로운이는 반장으로서 모범을 보여 주지 못했어."
③ "숙제를 안 해 오면 빗금을 하나 긋는 것이 규칙인 것 같아."
④ "제하는 공평하지 못한 행동 때문에 선생님께 꾸중을 들었어."
⑤ "숙제 검사할 때 숙제 해 오지 않은 아이에게는 제하 마음대로 벌점을 줄 수 있어."

3 반 아이들이 '나'를 한심하게 생각하는 이유로 적절한 것은?

반 아이들이 일제히 나(이로운)를 한심하다는 얼굴로 쳐다보았다. 얼굴이 확 달아올랐다. "잘난 척하지 마. 반장이 뭐 별거야? 나도 마음만 먹으면 너만큼은 할 수 있어!" 나는 이를 악물고 소리쳤다. 제하가 픽 웃었다. "그럼 어디 한 번 해보시지. 네가 약속한 대로 4학년 5반 머슴이 돼 보란 말이야." "맞아." "맞아." 다른 아이들도 장단을 맞추었다. 나는 더 이상 할 말이 없어서 자리에 털썩 주저앉았다. 제하 말대로 반장을 그만둘까 싶기도 했다. 선생님도 그랬으면 하는 것 같고. 하지만 그럴 수는 없었다. 그러면 제하나 다른 아이들이 나를 더 무시할 게 뻔했다. '귀찮은 것만 참으면 나도 제하 자식만큼은 할 수 있는데…….' 나는 무너진 자존심을 세우고 싶었다.

본문 97~98쪽에서

① 용기가 없어서
② 자존심이 없어서
③ 책임감이 부족해서
④ 반장을 그만두려고 해서
⑤ 4학년 5반의 머슴이어서

4 다음 사실로부터 추론할 수 있는 것은?

숙제 걷는 일이 끝난 뒤에는 짝을 새로이 정했다. 우리는 두 줄로 길게 선 다음에 선생님이 준비해 놓은 두 개의 항아리에서 쪽지를 한 장씩 꺼냈다. 여자애들은 빨간 항아리, 남자애들은 파란 항아리였다. 차례를 기다리고 있는데 백희랑 재령이, 나연이가 옆에 서서 수군거렸다. 그런데 무슨 일인지 자꾸만 내 쪽을 힐끔거렸다.
"야, 너희들, 왜 사람을 자꾸 훔쳐 봐! 나랑 짝 되고 싶어서 그래?" 내 말에 대광이가 피식 웃었다. 여자애들은 기가 막히다는 표정을 짓다가 셋이 똑같이 토하는 시늉을 했다.

본문 16~18쪽에서

① 여자아이들은 '나'를 좋아한다.
② '나'는 여자아이들을 좋아한다.
③ 항아리 안의 쪽지로 짝을 정한다.
④ 항아리와 여자아이들은 상관이 없다.
⑤ 여자아이들의 의견은 저마다 다르다.

생명, 알면 사랑하게 되지요

최재천 글 | 권순영 그림 | 더큰아이

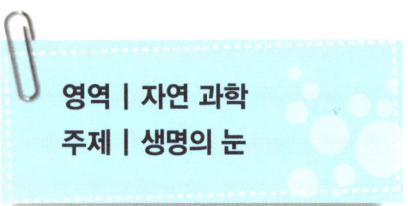

영역 | 자연 과학
주제 | 생명의 눈

1. 열대 우림에는 다양한 생물이 살고 있음을 알 수 있다.
2. 생명체는 모두 소중하다는 사실을 알 수 있다.
3. 생명의 눈으로 보아야 다 함께 잘살 수 있음을 알 수 있다.

줄거리

동물학자 최재천 교수가 열대에서 직접 체험하며 느끼고 관찰한 동물들의 모습을 친절하게 설명해 주고 있다. 최 교수는 잎꾼개미와 아즈텍여왕개미, 퉁가라개구리와 흡혈박쥐 등 우리가 잘 모르는 열대 동물들을 친한 친구처럼 대하면서도 사랑하는 마음과 열정을 담아 잘 설명해 준다. 그는 반려동물과 그 밖의 동물들에 대해 말하면서 인간과 동물이 다르다고 선 긋지 말아야 하며 우리도 모두 동물이며 같은 생명체라는 사실을 강조한다.

도서선정이유

이 도서는 열대 동물뿐만 아니라 반려동물에 대해서도 알려 주고 있다. 동물은 심심할 때 데리고 노는 대상이 아니라 소중한 생명임을 일깨워 주는 책이다. 아이들도 이 책을 통해 동물들도 인간에게 도움이 되는 친구이며 함께 살아가야 할 생명체라는 사실을 알 수 있다.

1 최재천 선생님이 가셨던 열대 지역 코스타리카와 파나마를 찾아 동그라미 해 보세요.

2 단어의 설명에 맞는 것을 찾아 줄을 그어 보세요.

- 운하 — 지구의 남북 양극으로부터 같은 거리에 있는 지구 표면에서의 점을 이은 선이다.
- 적도 — 배의 운항을 위해 육지에 파놓은 물길
- 위도 — 적도를 중심으로 남북으로 평행하게 그은 선이다.

3 설명에 맞는 단어를 보기에서 찾아 빈칸에 써 넣어 보세요.

보기 : 한대 열대 온대 열대림

① 지구의 허리에 속하는 지역으로 생물들의 보금자리 ---------------- (   )
② 열대보다 위도가 높은 중위도 지역 ------------------------- (   )
③ 남극과 북극지방을 포함해 온대보다 위도가 높은 지역 ----------- (   )
④ 덥고 습한 곳에서 식물이 무성하게 자라는 곳 --------------- (   )

1 다음은 박사님이 열대림에서 만난 동물들입니다. 설명을 읽고 동물의 이름을 찾아 써 보세요.

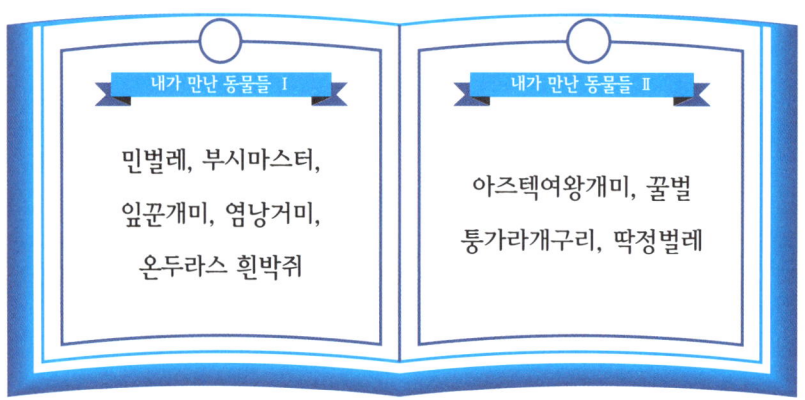

① 나는 나뭇잎을 잘라다 그걸 거름 삼아 버섯을 키웁니다. 나를 열대의 지렁이라고 부르기도 하지요. 내가 파 엎는 흙의 양은 44톤쯤 됩니다. ……………………… (   )

② 내가 내는 "삐융 삐융!" 소리 때문에 사람들이 전자오락실에 온 것 같다고들 합니다. 그 소리 안에는 암컷들이 좋아하는 소리가 들어 있다고 해요. …………… (   )

③ 나는 중남미 열대에서만 볼 수 있습니다. 메추리알보다 조금 크며 작고 가냘픕니다. 바나나 잎처럼 생긴 길쭉한 타원형 모양의 헬리코니아 잎을 텐트로 사용합니다. … (   )

④ 나는 동물 가운데 가장 많은 종을 자랑하며, 거의 30만 종에 이릅니다. 새끼들을 보호하기 위해 가슴팍에 안고 나뭇잎을 붙들고 있습니다. 절대 떨어지지 않아요. ……(   )

⑤ 나는 나무껍질 밑에서 지내 눈이 퇴화하였습니다. 아홉 개의 둥글둥글한 긴 더듬이로 상대방을 확인하고 대화합니다. ……………………………… (   )

⑥ 나는 춤이 언어입니다. 춤으로 먹이에 대한 거리와 방향까지 정확하게 알려줍니다.
………………………………………………………… (   )

⑦ 나의 몸길이는 3미터에 이르고, 많은 사람이 나를 두려워하며, 지역마다 나를 부르는 이름이 줄잡아 50개가 넘습니다. ……………………………… (   )

⑧ 나는 나무 굴을 파 왕국을 세웁니다. 나무와 공생하며 다른 종과 협동하며 지냅니다. 왕권 다툼을 통해 한 왕국으로 통일할 수 있습니다. ……………… (   )

⑨ 나는 번식기가 되면 나뭇잎을 말아 작은 주머니를 만들어 알을 낳습니다. 그리고 내 몸을 자식들에게 먹입니다. ……………………………… (   )

2 사람들은 까치 때문에 과수원의 손실뿐만 아니라 전기가 끊어지는 피해를 입었다고 아우성이지만, 큰 해를 입은 쪽은 까치입니다. 까치가 입은 피해는 무엇인가요?

3 수많은 생명이 오랜 시간에 걸쳐 함께 짜 내려온 것을 최재천 선생님은 무엇이라고 했나요?

4 미국 정부는 카이밥 고원의 초식 동물들을 보호하기 위해 포식 동물(퓨마, 늑대, 코요테, 스라소니 등)을 많이 잡아 죽였습니다. 몇 년이 지나자 초식 동물들도 많이 줄었습니다. 왜 이런 결과가 생겼나요?

5 미국 정부는 클리어 레이크의 성가신 날파리들을 죽이기 위해 살충제를 많이 뿌렸습니다. 그 결과는 어떠했을까요?

6 서울 대공원에 있던 돌고래 제돌이는 제주 바다로 돌아갔습니다. 제돌이를 돌고래 쇼에 이용하면 안 되는 이유는 무엇인가요?

1 박사님은 왜 자신의 몸과 마음이 자유로워지는 것을 느꼈다고 했을까요?

> 순식간에 속옷까지 쫄딱 젖은 나는 한참 동안 가만히 서서 쏟아지는 열대의 비를 맞았어요. 저 바깥의 인간 세계에서라면 끔찍하게 여겨질 법도 한 상황이지만, 정글에서는 마냥 좋았어요. 그대로 진흙탕에 나뒹굴어도 좋을 것 같았답니다. 열대의 자연에서 비로소 나는 몸과 마음이 자유로워지는 것을 느꼈어요.
>
> 본문 24쪽에서

2 많은 사람이 박쥐에 대해 부정적인 이미지를 가진 까닭은 무엇일까요? 그리고 저자가 박쥐를 영리하고 지혜로운 동물이라고 말하는 까닭은 무엇일까요?

> 자선가 박쥐나 건축가 박쥐 이야기를 보면 부정적인 이미지와 달리 박쥐가 얼마나 영리하고 지혜로운 동물인지 알 수 있어요. 그런데 이런 특별한 예가 아니더라도 박쥐는 사람을 비롯한 많은 생물에게 도움을 줍니다.
> 삐딱한 시선을 거두면 어디 박쥐가 나는 모습만 예술이겠어요? 생김새와 살아가는 방식에도 다 그만한 이유가 있음을 알게 되니 모든 생명이 소중하고 아름답게 느껴지지요. 생명은 깊이 알면 아름다움과 감동에 늘 묻혀 살게 되니 이보다 좋은 예술 체험이 없답니다.
>
> 본문 61~62쪽에서

박쥐에 대해 부정적인 이미지를 가진 까닭

박쥐를 영리하고 지혜로운 동물이라고 말하는 까닭

3 "알면 사랑한다."는 말은 어떤 뜻일까요?

> "전갈이 징그럽다며 소리소리 지를 땐 언제고 지금 뭐 하는 거예요?"
> "징그럽긴요. 사랑스럽기만 한 걸요. 세상에 이처럼 지극정성인 어머니가 또 어디 있겠어요?" (중략)
> 그 여학생은 전갈의 모성애에 깊이 감동한 듯 보였어요.
> 어찌나 가까이 붙어 먹이를 주는지 여학생 코가 전갈에게 닿을 것만 같았어요. 내가 늘 좌우명처럼 끼고 사는 "알면 사랑한다."는 말은 바로 이런 경우를 두고 하는 말이지요.
>
>  본문 74~75쪽에서

4 '생명의 그물'을 지키는 것이 곧 우리를 지키는 것이라고 말하는 까닭을 설명해 보세요.

> 나는 자연의 속살을 들여다보는 과학자로서, 또 한 사람의 인간으로서 생명의 그물을 오롯하게 지켜 내는 것이 우리 스스로를 지키는 길임을 사람들이 하루빨리 깨닫게 되기를 간절히 바랍니다.
>
> 본문 122쪽에서

1 동물의 훌륭한 능력 중 인상 깊은 것을 말해 보고 느낀 점을 써 보세요.

> 우리는 인간에게만 있다고 여겼던 능력이 다른 동물에게서 발견되는 경우를 책에서 살펴보았습니다. 꿀벌의 춤 언어, 침팬지의 도구 사용, 등을 알게 되었습니다.

2 동물을 애완동물로 키우는 사람과 반려동물로 키우는 사람은 어떤 차이가 있나요? 여러분 생각을 이야기해 보세요.

> 애완견 (愛玩犬) – 사랑 애, 놀이 완, 개 견 **[명사]** 좋아하여 가까이 두고 귀여워하며 기르는 개.
>
> 반려견 (伴侶犬) – 짝 반, 짝 려, 개 견 **[명사]** 한 가족처럼 사람과 더불어 살아가는 개.

3 여러분은 동물 보전을 위해 동물원이 필요하다고 생각하나요? 아니면 동물을 위해 동물원은 없어져야 한다고 생각하나요? 여러분의 주장을 펼쳐 보세요. (동물원이 필요하다면 어떤 식으로 운영이 되어야 할지, 없어져야 한다면 동물을 접할 기회를 어떻게 만들어야 할지도 생각해 보세요.)

4 만약 여러분이 아즈텍여왕개미라면 함께 나라를 세운 다른 여왕개미들과 싸우지 않고 함께 사는 것을 선택할까요? 아니면 끝까지 싸워 정복하기를 원할까요?

> 다른 여왕들과 손잡고 나라를 세웠지만 아즈텍여왕개미는 모두 같은 꿈을 가지고 있어요. 이웃 왕국보다 먼저 일개미를 낳아 키운 다음에 함께 나라를 세운 다른 여왕들을 없애고 자신이 트럼펫 나무를 지배하는 거예요. 인간 사회건 개미 사회건 한 나라에 왕이 둘일 수는 없는 법! 나라를 세울 때 서로 힘을 합쳤던 여왕개미들은 듬직한 일개미 무리가 먹이를 물어 오면 서로 싸우기 시작합니다.
>
> 본문 83쪽에서

5 이 책을 읽고 기억에 남는 이야기나 인상 깊은 문장을 이유와 함께 써 보세요.

아이들을 위한 PSAT와 LEET

1 ㉠의 근거로 적절한 것은?

> 인간은 닭에게서 조류 독감 바이러스의 공격에 맞서 싸울 힘을 빼앗아 버렸어요. 그러고는 닭이 조류 독감에 걸리면 땅에 묻어 버립니다. 지혜롭지 못한 행동이지요. 철새가 조류 독감을 퍼뜨린다고 탓하는 것도 이치에 맞지 않아요. 오히려 조류 독감 바이러스가 활개를 치면 우리나라를 찾는 철새에게 큰 위협이 될 수 있어요. ㉠ <u>증거도 없이 철새에게 잘못을 뒤집어씌울 게 아니라, 멀리 보고 건강한 닭을 키울 수 있는 방법을 찾아야 해요.</u>
>
> 본문 114쪽에서

① 철새가 조류 독감을 퍼뜨린다.
② 닭이 조류 독감에 걸리면 땅에 묻는다.
③ 닭은 조류 독감 바이러스의 공격에 약하다.
④ 조류 독감 바이러스가 활개를 치기 때문이다.
⑤ 조류 독감 바이러스는 철새에게 큰 위협이 될 수 있다.

2 ㉠의 근거로 적절한 것은?

> 수많은 생명이 오랜 시간에 걸쳐 함께 짜 내려온 생명의 그물을 함부로 끊어서는 안 돼요. 생명의 그물은 인간이 상상하는 것보다 훨씬 복잡하고 거대합니다. 잘못 건드리면 그 영향이 어떻게 나타날지 아무도 알 수 없어요. 재앙이 닥친 뒤에야 원인을 추측할 수 있을 뿐이에요. 그런데 생명의 그물에서 한 코를 차지할 뿐인 인간은 지금도 생명의 그물에 마음대로 손을 대고 있어요. ㉠ <u>카이밥 고원에서, 클리어 레이크에서 아직도 교훈을 제대로 얻지 못한 거예요.</u>
>
> 본문 122쪽에서

① 생명의 그물을 함부로 끊어서는 안 된다.
② 재앙이 닥친 뒤에야 원인을 추측할 수 있을 뿐이다.
③ 인간은 지금도 생명의 그물에 마음대로 손을 대고 있다.
④ 잘못 건드리면 그 영향이 어떻게 나타날지 아무도 알 수 없다.
⑤ 생명의 그물은 인간이 상상하는 것보다 훨씬 복잡하고 거대하다.

3 사람들이 제돌이를 풀어 줄 때의 고민을 표현한 문장으로 적절한 것은?

'남방큰돌고래 야생 방류를 위한 시민 위원회'가 꾸려지고 역사상 처음으로 우리가 잡은 야생 동물을 고향으로 돌려보내는 멋진 일을 하게 되었습니다. 하지만 제돌이를 풀어 주는 일은 간단하지 않습니다. 그동안 사육사들에게 죽은 생선이나 받아먹던 제돌이가 스스로 물고기를 사냥할 수 있을지, 춥고 파도가 거센 바다에서 견딜 수 있을지, 다른 돌고래들과 잘 지낼 수 있을지, 그리고 혹시 제돌이가 다른 돌고래들에게 무서운 전염병이나 옮기지는 않을지, 살펴야 할 일이 한두 가지가 아니었어요.

본문 126~127쪽에서

① 자연 속에서 잘살까?
② 제돌이는 야생 동물일까?
③ 사람들의 은혜를 잊을까?
④ 동물원에서 배운 것을 기억할까?
⑤ 다른 돌고래들 때문에 전염병에 걸리는 것은 아닐까?

4 다음 글의 제목으로 적절한 것은?

개는 관계를 중시하는 동물이라 애교가 많고 충직하지요. 사람이 조금만 관심을 보여도 반갑게 꼬리 치는 동물이 개입니다. 그래서 동물과 자주 어울릴 수 있는 사람이 키우는 게 좋아요. 만약 사람 없는 빈집에 동물이 오랜 시간 있어야 한다면 개보다는 고양이가 낫습니다. 고양이는 가까이서 너무 많은 사랑을 주면 오히려 피하고, 적당한 거리를 두면 먼저 다가옵니다. 동물을 키우고 싶은데 관심을 많이 쏟을 수 없는 형편이라면 개보다는 고양이를 키우는 게 좋습니다. 다만 고양이는 제가 사는 곳을 중시하다 보니 이사를 자주 해야 하는 상황이라면 좀 더 깊이 생각해서 선택해야 합니다.

본문 101~102쪽에서

① 개와 고양이의 차이점
② 개와 고양이의 공통점
③ 개를 잘 키울 수 있는 사람
④ 고양이와 잘 지낼 수 있는 사람
⑤ 동물을 키우고 싶은데 형편이 곤란한 사람들

우리 학교가 사라진대요!

예영 글 | 강은옥 그림 | 마음이음

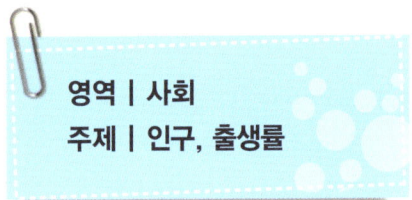

영역 | 사회
주제 | 인구, 출생률

목표

1. 우리나라의 시대별 인구 변화를 알 수 있다.
2. 오늘날 우리나라의 연령별 인구 구성의 특징을 알 수 있다.
3. 저출산·고령화 사회의 문제점을 알고 대안을 생각할 수 있다.

줄거리

　기현이는 호랑초등학교 6학년이다. 하지만 기현이네 학교는 올해 신입생 수가 5명밖에 안 되어 곧 문을 닫을 처지에 놓였다. 같은 초등학교를 나온 복희 고모가 다닐 때는 한 반에 60명이 넘을 정도로 학생 수가 많았고, 교실이 모자라 오전, 오후반으로 나누어 수업을 했다고 한다. 호랑초등학교는 어쩌다가 학생 수가 줄어들어 폐교 상황까지 왔을까? 기현이의 증조할아버지인 황갑수 등 황씨 가족의 이야기를 통해 1960년대부터 2018년까지 대한민국의 인구 변화를 알 수 있다.

도서선정이유

　오늘날 우리나라는 아이를 적게 낳거나 낳지 않는 가정 그리고 결혼하지 않는 어른들이 많아지면서 새로 태어나는 아기의 수는 줄고 있고, 전체 인구에서 노인이 차지하는 비율은 늘어나고 있다. 또한 서울을 중심으로 한 수도권과 부산, 대구, 광주, 대전, 울산 등 대도시에 대한민국 인구의 70%가 집중되어 있다. 이 책은 지금의 인구 분포가 가져올 사회 문제를 생각하고, 저출산·고령 사회의 대안에 대해 생각해 보게 한다.

1 다음 설명을 읽고 〈보기〉에서 알맞은 낱말을 찾아 써 보세요.

보기

| 남아 선호 사상 | 종택 | 인구 조사 | 동문회 |
| 교육청 | 학령 아동 | 기일 | 합계 출산율 |

한 나라의 인구 상황을 파악하기 위해 정부가 일정한 시기에 전국적으로 인구 실태를 조사하는 것.

해마다 돌아오는 제삿날.

여자 한 명이 평생 낳을 것으로 예상되는 평균 자녀 수.

한 문중의 맏아들로만 대대로 이어 온 큰집.

여자아이보다 남자아이를 더 좋아하는 사상.

같은 학교를 졸업한 사람들이 모여 서로 친목을 도모하고 모교와 연락하기 위해 만든 모임.

초등학교에 입학해야 하는 나이가 된 아동.

시나 군을 단위로 하여 학교 교육이나 그 지방 자치 단체의 교육, 학예에 관한 사무를 맡아보는 관청.

2 인구가 자꾸 줄면 어떻게 될까요?

1. 황갑수 씨는 '인구 주택 국세 조사'에 협조해 달라는 이장의 말을 무시하고 아내와 함께 보리밭에 나가거나 집에 없는 척합니다. 갑수 씨가 조사 기간 마지막 날까지 국세 조사를 받지 않으려고 한 이유는 무엇인가요?

2. 우리나라는 아주 오랜 세월 '확대 가족' 중심의 가족 형태를 유지해 왔습니다. '확대 가족'이란 부부가 부모님을 모시면서 자녀들과 함께 사는 가족을 말합니다. 우리나라가 '확대 가족' 중심이었던 이유는 무엇일까요?

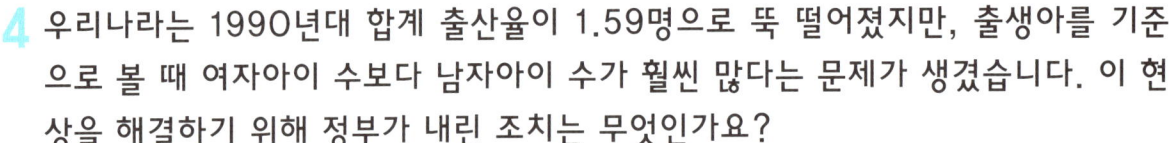

3. 귀성이가 1학년 때부터 줄곧 남학생과 짝이 된 이유는 무엇인가요?

4. 우리나라는 1990년대 합계 출산율이 1.59명으로 뚝 떨어졌지만, 출생아를 기준으로 볼 때 여자아이 수보다 남자아이 수가 훨씬 많다는 문제가 생겼습니다. 이 현상을 해결하기 위해 정부가 내린 조치는 무엇인가요?

5. 외동인 시은이는 부모님이 맞벌이를 해서 방과 후에 늘 혼자 집에 있습니다. 시은이가 외롭다고 아무리 졸라도 시은이 엄마가 동생을 낳아 주지 않는 이유는 무엇인가요?

6 다음 문장을 읽고 ( ) 안에 알맞은 말을 써 넣으세요.

> 2000년대로 들어서면서 우리나라의 인구 정책은 ( ) 정책에서
> ( ) 정책으로 크게 변화했습니다.

7 교육청이 호랑초등학교의 폐교를 결정한 이유는 무엇인가요?

8 호랑초등학교 학생과 학부모, 동문회에서 폐교 반대를 위해 벌인 활동은 무엇무엇인가요?

9 다음이 설명하는 나라는 어디인가요?

> 선진국 중에서 가장 먼저 저출산 문제를 경험한 나라입니다. 아이를 낳고 기르는 문제가 단지 한 가정에서 해결할 일이 아니라 국가가 책임져야 할 일이라는 생각에 '모든 아이는 국가가 키운다'는 정책을 추진했지요. 임신부터 출산까지의 모든 비용을 의료 보험화시켜 부담을 없애고, 유치원부터 대학까지 교육비를 지원해서 부모의 경제적 부담을 크게 줄여 주었지요. 덕분에 이 나라의 출산율은 2016년 1.89명으로 올라가며 성공적인 출산 장려 정책의 본보기로 손꼽히고 있답니다.

1 가족의 형태는 다양합니다. 다음 설명은 어떤 가족 형태를 말하는지 바르게 연결해 보세요.

2 말희가 속으로 피식 웃으며 한 말의 의미는 무엇일까요?

> "이건 누구랑 찍은 사진이야?"
> 민주가 사진을 눈앞에 바싹 대고 유심히 들여다보았다.
> "어머, 일곱 명이 붕어빵처럼 닮았어."
> 말희는 속으로 피식 웃었다.
> '넌 모를 거야. 너무 닮아서 절대 같이 안 다닌다는 걸.'
> 　　　　　　　　　　　　　본문 65쪽에서

3 다음은 복희가 처한 상황입니다. 두 상황에서 복희의 '울음'은 어떻게 다른가요?

> "우아, 복희 좀 봐. 똥 기저귀 엄청 잘 갈아."
> "꼭 아줌마 같아."
> 친구들이 놀림 같기도 하고 칭찬 같기도 한 말을 하더니 가 버렸다. 복희는 얼굴이 화끈거리고 울음이 터질 것만 같았다.
> 본문 47쪽에서
>
> ---
>
> "언니, 이제부터 말 잘 들을게. 어디 가지 마."
> "언니 없으면 싫어."
> 콧물을 죽죽 흘리며 우는 동생들을 보자 복희도 울음이 터졌다.
> 본문 51쪽에서

4 고모들이 종희 고모의 말을 듣고 고개를 끄덕인 이유는 무엇일까요?

> "그나저나 종희 너는 결혼한 지 십 년이 넘었는데 자식 안 낳을 작정이니?"
> "제가 아직도 철부지인데 무슨 아이를 낳아 기르겠어요. 또 경제적으로도 아직 준비가 안 되었고요."
> 고모들은 종희 고모의 사정을 이해한다는 듯 고개를 끄덕끄덕했다.
> 본문 143쪽에서

책을 내 것으로 만드는 아이들

1 다음은 우리나라 정부에서 사용한 가족계획 포스터와 표어입니다. 가족계획 포스터와 표어를 보고 우리나라의 인구가 어떻게 변해왔는지 말해 보세요.

2 다음은 학부모 참관 수업에 오지 않은 엄마에게 시은이가 한 말입니다. 여러분이 시은이라면 어떻게 말했을지 말풍선을 채워 보세요.

> "그런 거 해 주면 뭐 해? 만날 나 혼자 밥 먹고, 혼자 숙제하고, 혼자 놀고, 혼자 학원 가야 하잖아. 나도 학교 다녀오면 집에서 문 열어 주는 엄마가 있었으면 좋겠어. 학부모 참관 수업 때, 운동회 때, 학예회 때 꼬박꼬박 오는 엄마가 있었으면 좋겠어. 옆에 앉아 같이 책도 읽고, 숙제도 봐주는 엄마가 있었으면 좋겠다고. 이렇게 회사 일로 바쁠 거면 왜 나를 낳았는지 모르겠어. 엄마는 나보다 일이 더 중요한 거지? 그렇지? 그래서 동생도 낳지 않는 거지? 나 혼자 외롭든 쓸쓸하든 상관없는 거지?"
>
> 📄 본문 115~116쪽에서

3 중국은 높은 인구 증가율로 인해 여러 문제가 발생하자 1978년부터 한 가구당 한 자녀만 낳는 '한 자녀 낳기' 정책을 추진했습니다. 여러분은 중국의 이러한 정책에 대해 어떻게 생각하나요? 찬성 혹은 반대 입장을 정하고 근거를 제시해 보세요.

난 이 정책에 (찬성 / 반대) 한다. 왜냐하면

4 2021년 대한민국의 출산율은 0.81명에 그쳤어요. 2026년에는 65세 이상의 노인 인구가 20%를 넘어 초고령 사회가 된답니다. 여러분이 정부 관계자라면 출산 장려나 노인들을 위해 어떤 정책을 펼칠 것인지 정책 제안서를 작성해 보세요.

〈정책 제안서〉

작성자	
정책 제안 목적	
대상	
구체적인 정책 내용	
예산 마련 방법	
기대 효과	

1 다음은 세계 합계 출산율 순위를 나타낸 그래프입니다. 이 그래프를 보고 알 수 없는 것은?

① 합계 출산율이 가장 높은 나라는 니제르이다.
② 대만은 세계에서 아기를 가장 조금 낳는 나라이다.
③ 일본 여성들이 중국 여성들보다 아기를 더 적게 낳는다.
④ 니제르는 출산율을 낮추기 위해 억제 정책을 펼치고 있다.
⑤ 합계 출산율이 한국보다 높고 일본보다 낮은 나라는 7개가 있다.

2 진수의 마지막 말에 이어서 말한 것으로 가장 적절한 말은?

> 반장이 칠판에 '안건 : 호랑초등학교 폐지에 대한 반대 운동'이라고 적은 다음, 아이들에게 물었다.
> "황기현이 낸 안건에 대해 다들 어떻게 생각하는지 의견을 이야기해 줘."
> 제일 먼저 철현이가 말했다.
> "교육청에서 폐교를 결정했는데 우리가 반대 운동을 한다고 해서 그게 무슨 소용이 있을까?" 진수도 부정적인 반응이었다.
> "나도 폐교되는 게 싫지만, 반대 운동을 해 봤자 계란으로 바위 치기 아니겠냐?"
>
> 본문 134~135쪽에서

① 그러니까 찬성 운동을 하자.
② 그러므로 계란이 되어 보자.
③ 그러니까 반대 운동을 하지 말자.
④ 그러니 찬반 여론 조사를 해 보자.
⑤ 그러니까 폐교되는 것은 옳지 않다.

3 다음 글에서 출산율이 낮아진 이유로 언급하지 <u>않은</u> 것은?

1997년 IMF 외환 위기를 겪으며 경제가 악화되자 출산율이 빠르게 감소했어요. 1990년대 말에 1.5명 아래로 떨어졌고, 급기야 2005년에는 세계에서 가장 낮은 출산율인 1.08명을 기록했답니다.

이렇게 출산율이 낮아진 데에는 여러 가지 이유가 있어요. 우선 결혼과 출산에 대한 가치관이 변했기 때문이에요. 예전에는 결혼은 반드시 해야 하고, 자식도 꼭 낳아야 한다는 생각을 했어요. 그런데 점차 결혼은 할 수도 있고 안 할 수도 있는 선택 사항이며, 자식 역시 반드시 낳아야 되는 건 아니라는 생각으로 바뀌고 있어요. 그러다 보니 결혼하는 나이가 점차 늦어지고, 결혼을 안 하는 경우도 많아요. 게다가 자식을 낳더라도 한 명 정도만 낳거나, 아예 안 낳기도 하지요.

본문 122~123쪽에서

① 결혼과 출산에 대한 가치관이 변했다.
② IMF 외환 위기를 겪으며 경제가 악화되었다.
③ 결혼은 할 수도 있고 안 할 수도 있다고 생각하게 됐다.
④ 여성들이 직장 일을 하며 아이를 낳아 키우는 것이 어렵다.
⑤ 자식을 반드시 낳아야 하는 건 아니라고 생각하기 시작했다.

4 다음은 우리나라 정부가 인구 정책을 홍보하기 위해 내놓은 가족계획 표어입니다. 목적이 다른 표어는 무엇인가요?

① 하나씩만 낳아도 삼천리는 초만원.
② 잘 키운 딸 하나 열 아들 안 부럽다.
③ 축복 속에 자녀 하나, 사랑으로 든든해.
④ 자녀에게 가장 좋은 선물은 동생입니다.
⑤ 덮어놓고 낳다 보면 거지꼴을 못 면한다.

걱정을 걸어두는 나무

마리안느 머스그로브 글 | 김호정 옮김 | 책속물고기

영역 | 문학 언어
주제 | 성장, 감정 표현

 목표

1. 일상생활에서 겪는 걱정, 고민을 다루는 방법을 알 수 있다.
2. 문제를 스스로 해결하는 방법을 알 수 있다.

줄거리

주인공 줄리엣은 걱정이 많은 열한 살짜리 여자아이이다. 매일 언니를 골리는 동생 오필리아, 온갖 잡동사니를 끌고 다니는 엉뚱한 아빠, 일에 빠져 사는 엄마, 은퇴 후의 생활에 만족하지 못하는 할머니, 가장 친한 친구 린지, 새 친구 젬마, 줄리엣을 괴롭히는 휴 알렌까지 걱정을 안겨 주는 사람들이 너무나 많아서 줄리엣은 집에서나 학교에서나 걱정뿐이다. 이런 줄리엣에게 어느 날 마법같이 나타난 '걱정을 걸어두는 나무' 덕분에 그동안 줄리엣을 괴롭혔던 문제들이 하나둘씩 해결되기 시작한다.

도서 선정 이유

요즘 아이들은 자라면서 가족 안에서의 문제, 친구들 사이의 문제, 학업 문제 등으로 걱정과 고민, 스트레스가 아주 많다. 이 책에서는 근심, 걱정에 대처하는 방법을 배울 수 있다. 부모님이나 선생님이 대신해 줄 수 없는 근심, 걱정, 스트레스를 아이들이 어떻게 다루면 좋은지 친근한 이야기를 통해서 공감을 이끌어 낸다.

1 책 표지를 보면 나무 위에 동물들이 앉아 있고 〈걱정을 걸어두는 나무〉라고 제목이 붙어 있어요. 도대체 이 나무는 어떤 나무일까요?

예방
----

2 어른들은 조그마한 너희들이 무슨 걱정이 있냐고 말씀하시지만, 여러분도 부모님이나 선생님이 모르는 고민과 걱정이 있을 거예요. 여러분의 걱정과 고민, 스트레스를 걱정 나무에 걸어 보세요.

1 줄리엣은 근심, 걱정, 고민, 스트레스가 쌓일 때마다 어떤 증상이 나타나나요? 그럴 때마다 마음을 가라앉히기 위해서 무엇을 하나요?

2 아빠의 서재를 자신의 방으로 갖게 된 줄리엣은 그 방 벽지에 가려져 있던 커다란 나무 그림을 발견해요. 무슨 나무이며 어떤 일을 하는 나무인가요?

3 걱정 나무에는 나뭇가지마다 동물들이 앉아 있어요. 어떤 동물들인지 이름과 하는 일을 같이 소개해 주세요.

	이름	하는 일
웜뱃		친구에 대한 걱정거리를 도와줌
개	디미트리	
돼지		학교에 대한 걱정을 담당해 줌
염소		
공작새	피어스	
오리		새로운 변화에 적응하는 일을 도와줌

4 줄리엣은 젬마와 친구가 되었어요. 하지만 오래된 친구 린지와 새로 사귄 친구 젬마 때문에 도저히 참을 수가 없게 되었어요. 무슨 일 때문에 그런가요?

5 줄리엣은 부모님이 다툰 이유가 자신의 잘못 때문이라고 생각해요. 줄리엣이 생각해 낸 문제 해결 방법은 무엇이며, 왜 그렇게 생각했나요?

6 부모님은 줄리엣에게 모든 것을 줄리엣의 책임이라고 느끼게 해서 미안하다고 사과하면서 해결 방법을 찾아냈어요. 어떤 방법인가요?

7 할머니는 가족들이 걱정하는 것을 알지만 안전 경보기를 목에 걸고 다니기를 무척 싫어하세요. 이유가 무엇인가요?

8 할머니의 생일 선물로 줄리엣은 화분을 선물해요. 왜 특별히 분재를 선물했나요?

1 줄리엣의 친구인 린지와 젬마는 어떤 아이들인지 외모와 성격을 비교해서 설명해 보세요. 성격을 이야기할 때는 장점과 단점, 취미 등 자세하게 설명해 주세요.

	린지	젬마
외모		
성격		

2 줄리엣은 많은 걱정거리를 가지고 있어요. 줄리엣이 걱정이 많은 이유는 무엇 때문일까요? 줄리엣의 성격 때문일까요? 아니면 가족, 친구 등 줄리엣 주변 사람들 때문일까요?

3 걱정 나무는 마법의 나무일까요? 할머니께서 분명히 마법의 나무는 아니라고 하셨는데 어떻게 줄리엣이 문제를 해결한 걸까요?

4 줄리엣의 할머니는 선인장의 뾰족한 가시처럼 지금 짜증이 나 있어요. 단순히 안전 경보기를 목에 걸고 다니기 싫어서 짜증이 나셨을까요? 할머니의 마음을 잘 살펴보고 할머니가 왜 짜증을 내면서 까다롭게 행동했는지 생각해 보세요.

5 줄리엣은 모든 문제를 자신이 해결해야 한다고 생각했기 때문에 항상 걱정이 많았어요. 줄리엣의 걱정에 대해서 여러분은 어떻게 생각하나요?

책을 내 것으로 만드는 아이들

1 린지와 젬마는 줄리엣의 마음을 더 잘 읽는 친구를 골라내기 위해서 퀴즈를 냈어요. 여러분이라면 그 퀴즈에 어떻게 대답할까요? 이유도 함께 설명해 주세요.

> "첫 번째 질문이야. 부자가 되고 싶니, 아니면 유명해지고 싶니?"
>
> →
>
> "두 번째 질문이 훨씬 더 중요해. 그러니까 아주 잘 들어야 해.
> 물속에서 숨을 쉴 수 있는 게 좋겠니, 아니면 하늘을 날 수 있는 게 좋겠니?"
>
> →
>
> "세 번째 질문이야. 맛을 못 보는 게 낫겠니, 아니면 냄새를 못 맡는 게 낫겠니?"
>
> →

2 걱정 나무에 걸어두었던 여러분들의 걱정도 줄리엣처럼 해결이 되었으면 좋겠어요. 오프가 부르던 '짜증 노래'를 '희망 노래'로 바꾸어 볼까요?

> 짜증나, 짜증나, 짜증짜증-나-나, 점점 싫어지는 노래 정말 짜증스러우니까.
> 절망이야, 절망이야, 절망 절망-이-야, 점점 싫어지는 노래 정말 절망적이니까.

예 짜증나, 짜증나, 짜증짜증-나-나, 점점 성적이 떨어지고 있어 정말 짜증스러워.
해결됐어, 해결됐어. 방법을 찾아냈-어, 매일 매일 예습 복습하면 돼.

3 요즘 여러분을 화나게 하거나 슬프게 했던 사람이 있나요? 그 사람이 앞에 있다고 생각하고 "나는 네가 A할 때 B 같은(같다는) 기분이 들어."라는 형식으로 표현해 보세요.

4 걱정이 생겼을 때 여러분만의 해결 방법이 있나요?

5 줄리엣의 엄마가 줄리엣의 머리를 엉망으로 자르는 바람에 줄리엣은 친구들 앞에서 망신을 당했어요. 엄마가 또 머리를 자르자고 할 때 만약 여러분이 줄리엣이라면 엄마에게 어떻게 말씀 드리고 싶은가요?

1 할머니에 대해서 <u>잘못</u> 설명한 것은?

> 할머니는 안전 경보기를 들어 올렸다.
> "이것도 불에 던져 넣을 수 있으면 좋겠구나."
> "안 돼요!"
> 줄리엣이 소리쳤다.
> "걱정 말거라. 그렇게 하진 않을 테니. 단지 이걸 목에 걸고 있기가 너무나 싫을 뿐이란다."
> "왜요? 그건 할머니의 안전을 위해 꼭 필요한 거잖아요."
> "그건 그렇지. 하지만 이걸 걸고 있으면 내가 늙은이라는 걸 인정하는 게 되잖니. 늙은이. 그걸 인정해야 한다는 게 너무나 싫단다. 나 스스로는 아무것도 할 수 없는 늙은이라는 것 말이다. 내가 아무짝에도 쓸모없는 사람처럼 느껴지는 게 아주아주 싫어. 날 보렴. 난 대학교에서 화학대학 총장까지 맡았던 사람이야. 그런데 이젠 빨래집게와 코르크로 만들기나 하고 있는 늙은이가 되어 버렸잖니."
> "그래서 그걸 다 태우고 계시는 거군요."
> "그래, 그래서 이걸 다 태우고 있는 거야. 난 이제 모퉁이를 돌았단다. 변화의 시간을 맞이한 셈이지. 어떤 변화가 찾아올지는 나조차도 확실히 알 수 없단다."
>
> 본문 156~157쪽에서

① 할머니는 화학대학 총장을 지냈다.
② 할머니는 새로운 변화를 찾고 있다.
③ 할머니는 어떤 일이든 일을 하고 싶어 한다.
④ 할머니는 안전 경보기를 목에 걸기 싫어한다.
⑤ 할머니는 쓸모없는 사람이 된 것 같아서 속상하다.

2 ㉠의 이유로 가장 적절한 것은?

휴가 손을 뻗어 줄리엣의 도시락을 확 낚아챘다.
"우웩, 영양 간식이잖아."
휴는 도시락을 열어보고는 샌드위치를 바닥으로 내동댕이쳤다. 양상추와 토마토, 그리고 근대뿌리가 바닥에 흩어졌다.
줄리엣은 린지에게 고개를 돌려 도와달라는 눈짓을 했다. 하지만 린지는 자기의 사과가 세상에서 가장 신기한 사과인 척하며 일부러 사과에서 눈을 떼지 않고 있었다.
"어? 이건 애플베리 맛 요구르트인데!"
휴는 요구르트가 담긴 병을 들고는 덮개를 잡아 찢고 한 입에 툭 털어 넣었다.

– 중 략 –

"왜 이래? 우린 제일 친한 친구잖아. 제일 친한 친구랑 같이 사이좋게 지내야 하는 거 아냐? 맛있는 것도 나눠 먹으면서 말이야."
휴가 비아냥거리며 말했다.
"우리가 무슨 제일 친한 친구야? 나랑 제일 친한 친구는 바로 린지라고."
줄리엣은 린지에게로 고개를 돌렸다. 하지만 린지는 여전히 사과만 바라보고 있을 뿐이었다. 줄리엣의 마음은 바늘에 콕 찔린 것처럼 아팠다. ㉠<u>줄리엣은 손가락에 감고 있던 밴드 하나를 떼어냈다. 그러고는 손톱을 잘근잘근 씹기 시작했다.</u>

 본문 47~48쪽에서

① 린지가 자기를 도와주지 않아서 실망했다.
② 가슴이 갑자기 바늘에 콕 찔린 것처럼 아팠다.
③ 휴가 도시락을 바닥에 내동댕이쳐서 속상했다.
④ 린지가 자기보다 사과를 더 좋아해서 기분이 나쁘다.
⑤ 줄리엣이 좋아하는 샌드위치를 먹지 못하게 되어서 배가 고팠다.

트리갭의 샘물

나탈리 배비트 글 | 윤미숙 그림 | 최순희 옮김
대교북스주니어

영역 : 문학 사회
주제 | 생명의 유한성

목표

1. 인간도 생명 순환의 원리 속에 있어야 한다는 사실을 이해할 수 있다.
2. 다양한 삶의 태도를 이해하고 가치 있는 삶에 대해 자신의 생각을 말할 수 있다.
3. 생명 연장의 꿈이 개인의 삶에 어떠한 영향을 미치는지 알 수 있다.

줄거리

터크 씨네 가족은 트리갭 마을의 샘물을 마시고 영원한 생명을 얻는다. 매는 아이들을 마중 나간 자리에서 샘물이 있는 숲 주인의 딸 위니를 만난다. 매와 아이들은 물을 마시려는 위니를 만류하고, 위니에게 샘물의 비밀을 말해 준다. 그 비밀을 지켜야 하는 까닭을 설득하기 위해 위니를 집으로 데려간다. 한편 노란 옷을 입은 남자는 위니를 찾아 주는 대가로 샘물이 있는 숲을 받기로 한다. 그는 샘물을 팔 생각이었다. 매는 위니를 보호하고 샘물의 비밀을 지키기 위해 노란 옷을 입은 남자에게 엽총을 사용하다 교수형에 처할 위기에 빠진다. 위니는 터크의 가족과 함께 매를 구하고 샘물의 비밀을 지킨다.

도서 선정 이유

인간은 오래전부터 죽지 않고 오래 사는 불로장생(不老長生)을 꿈꾸었지만, 그것이 인류에게 축복이 될지 불행이 될지 단정할 수는 없다. 영원히 살 수 있는 샘물이라는 기발한 상상력으로 쓰인 이 책을 통해 생명 순환의 가치를 일깨워 주며, 죽지 않음 즉 불사(不死)나 생명 연장 기술이 우리에게 어떠한 영향을 미칠 것인가에 대해 깊이 생각할 수 있다.

1 다음 보기에서 알맞은 낱말을 찾아 써 보세요.

보기: 윤곽, 기품, 삼복더위, 자태, 지평선, 사태, 괘종시계

(1) 인격이나 작품에서 드러나는 고상한 품격

(2) 삼복(초복, 중복, 말복) 기간의 몹시 심한 더위.

(3) 어떤 모습이나 모양. 주로 여성의 고운 맵시나 태도를 말하며 식물, 건축물, 강, 산 등을 사람에 비유할 때도 사용한다.

(4) ① 일이나 사건의 대체적인 줄거리.
    ② 사물의 테두리나 대강의 모습.

(5) 일이 되어 가는 형편이나 상황. 또는 벌어진 일의 상태.

(6) 시간마다 울리는 시계로 보통 추가 있으며 벽에 걸어 둔다.

(7) 편평한 대지의 끝과 하늘이 맞닿아 경계를 이루는 선.

2 설명에 맞는 낱말에 줄을 그어 보세요.

(1) 두 눈썹 사이 • • 경련

(2) 병적으로 싫어하고 미워하는 감정. • • 교수형

(3) 근육이 갑자기 수축하거나 떠는 현상. • • 미간

(4) 대상을 밝히거나 찾아내기 위해 빛을 멀리 비추는 조명 기구. • • 혐오감

(5) 목을 옭아매어 죽이는 형벌. • • 탐조등

1 매와 남편 터크 그리고 아들인 마일스와 제시의 모습은 몇 년 동안 변하지 않았나요?

2 위니는 숲에서 돌멩이를 치우고 물을 마시려던 제시를 발견합니다. 매와 제시, 마일스는 위니를 어떻게 했나요?

3 집으로 돌아가고 싶은 위니가 흐느껴 울 때, 위니의 마음을 진정시킨 것은 무엇이었나요?

4 매와 제시, 마일드는 위니에게 어떤 이야기를 들려주었나요?

5 냇가 덤불 속에 숨어서 매와 아이들이 나눈 대화를 엿들은 사람은 누구인가요?

6 터크 씨네 가족이 어디에고 오랫동안 머물 수 없었던 이유는 무엇인가요?

7 노란 옷을 입은 남자는 터크 씨에게 어떤 제안을 했나요?

8 제시는 위니에게 샘물이 담긴 물병을 주며 어떤 제안을 했나요?

9 매는 제시를 강제로 끌고가려고 한 노란 옷을 입은 사내를 어떻게 했나요?

10 매와 터크가 오랜만에 트리갭을 찾았을 때 샘물은 어떻게 되었나요?

1 노란 옷의 남자가 위니 가족에게 위니를 찾아주겠다고 하면서 하는 말의 핵심은 무엇일까요?

> 노란 옷의 남자가 생각에 잠긴 투로 말했다.
> "저는 말입니다. 여기 댁의 것과 똑같은 숲을 찾아 먼 곳에서 왔습니다. 이 숲이 제 것이 된다면 얼마나 기쁠지……. 게다가 당신들과 같은 이웃을 갖게 된다면 얼마나 즐거운 일입니까. 염려 마십시오. 나무는 많이 자르지 않겠습니다. 보시다시피 저는 막돼먹은 사람이 아닙니다. 아주 조금만 자르도록 하지요. 전혀 표시가 나지 않도록 말입니다."
> 노란 옷의 남자는 하얗고 긴 손가락으로 손짓했다. 얼굴이 기쁨으로 일그러졌다.
>
> 본문 110쪽에서

2 다음은 터크가 위니에게 한 말의 일부입니다. 터크의 말은 어떤 의미일까요?

> "태양이 바다로부터 그 일부를 빨아올리면 그건 구름이 되었다가 다시 비로 내리고, 비가 강에 내리면 강물은 자꾸 흘러가서 다시 처음의 바다로 되돌아가지. 그건 수레바퀴와도 같은 거야. 〈중략〉 개구리도 이 바퀴의 한 부분이고, 벌레도 물고기도 또 개똥지빠귀도 마찬가지야. 그리고 사람들도 그러나 결코 똑같은 것은 아니지. 항상 새로운 것이 오고, 항상 자라나고 변화하고, 항상 움직여 가는 거야. 그렇게 되게 만들어져 있어. 이 세상은 그런 거야. 그렇게 되게 만들어져 있어. 이 세상은 그런 거야. 〈중략〉 그러나 바퀴는 우리를 스쳐 지나가고 있어. 우리 터크 가족을 말이야. 끝없이 살아간다는 것은 힘든 일이야."
>
> 본문 89~93쪽에서

3 노란 옷의 남자가 죽는다면 매는 살인을 저지른 것이 됩니다. 그런 상황에서 터크는 왜 밑줄 친 모습을 보였을까요?

> 매는 단단한 팔로 엽총을 머리 위로 휘둘렀다. 노란 옷의 남자가 몸을 홱 피했지만, 너무 늦은 뒤였다. 둔탁하게 깨지는 소리와 함께 총신이 그의 뒤통수를 내리친 것이었다.
> 〈중략〉
> 터크는 몸을 앞으로 숙이고 눈썹을 모은 채, 입을 약간 벌리고 땅바닥에 누워 있는 노란 옷의 남자를 내려다보고 있었다. <u>터크의 모습은 마치 창을 통해 만찬을 구경하는 굶주린 사람과도 같았다. 황홀한 듯한, 바로 부러워하는 듯한 모습이었다.</u>
>
> 본문 145, 148쪽에서

4 우리가 묘비명을 읽고 알 수 있는 사실은 무엇인가요?

> 터크의 목이 메었다. 거기 있었던 것이다. 그것이 거기 있기를 바라기는 했지만, 막상 눈으로 확인하자 슬픔이 온몸을 휩쌌다.
> 터크는 무릎을 꿇고 묘비명을 읽었다.
> 사랑하는 아내이자 어머니인
> 위니 프레드 포스터 잭슨
> 1870-1948
>
> 본문 198쪽에서

5 터크 가족은 자신들이 영원히 사는 원인을 왜 샘물을 마신 일 때문이라는 결론을 내렸나요?

1 등장인물들의 태도를 평가한 후에 여러분은 누구의 태도에 공감하는지 이야기해 보세요.

인물	말	태도
매	"왜 그렇게 되었는지 따져 보았자 소용없는 노릇이지. 현실은 현실이고 법석을 부린다고 뭐가 어떻게 달라지지 않으니까?"	
터크	"이제 우리 가족은 더 이상 생명의 수레바퀴의 일부가 아니야."	
제시	"이 세상 곳곳을 돌아다니며 온갖 것을 구경하고 즐기는 거야. 인생이란 즐기기 위한 거잖아, 안그래?"	
마일스	"이 세상에 자리를 차지할 바에야 무언가 쓸모 있는 일을 해야 하는 거야."	

공감하는 사람과 그 까닭 :

2 제시는 위니에게 17살이 되면 샘물을 마시고 자신과 같이 세상을 돌아다니며 여행을 하자고 제안합니다. 여러분이 위니라면 어떤 선택을 했을까요?

50 | 로직아이 샘 5단계_초록

책·을·내·것·으·로·만·드·는·아·이·들

3 매는 엽총으로 노란 옷을 입은 남자를 내리쳐 죽입니다. 매의 행동을 정당하다고 말할 수 있나요?

> 매가 노란 옷의 남자를 죽였다. 그리고 매는 정말로 그를 죽이려고 했던 것이다.
> 위니는 언젠가 말벌에 쏘이기 직전에 무섭고 화난 나머지 말벌을 죽인 적이 있었다. 두꺼운 책으로 내리친 것이다. 그리고 나선 말벌의 몸이 부서지고 얇은 날개가 정지해 버린 것을 보자 그것이 다시 살아났으면 하고 바랐다. 또 그 말벌이 불쌍해서 눈물도 흘렸다.
> '매는 지금 노란 옷의 남자를 위해 눈물을 흘리고 있을까? 이 세상을 구해야 한다는 바람에도 어쩔 수 없이, 그 남자가 다시 살아났으면 하는 생각을 하고 있을까?'
> 알 수 없는 일이었다. 매는 자신이 해야만 한다고 믿은 일을 한 것이다.
>
> 본문 158~159쪽에서

4 인간의 생명은 유한합니다. 그렇기에 우리의 삶은 더욱 소중합니다. 그렇다면 어떻게 사는 것이 가치 있는 삶을 사는 것일까요?

1 다음 글의 서술 방식으로 적절한 것은?

방은 세 개뿐이었다. 먼저 부엌은 문도 안 달린 찬장에 그릇이 크기에 상관없이 아무렇게나 뒤죽박죽 위태롭게 쌓여 있었다. 커다란 검은 화덕과 금속으로 된 싱크대가 있고, 바닥이나 벽에는 양파며 등잔이며 나무 숟가락이며 세숫대야 같은 오만 가지 잡동사니가 쌓여 있거나 널려 있었다. 그리고 한쪽 구석 벽에는 터크의 엽총이 먼지를 쓴 채 걸려 있었다.

본문 72~74쪽에서

① 대조   ② 예시   ③ 인과   ④ 묘사   ⑤ 분석

2 다음 글 마지막에 해당하는 사자성어로서 적절한 것은?

마일스와 제시도 소리를 지르기 시작했다. 노란 옷을 남자가 부엌문으로 위니를 끌고 가자, 모두를 그 뒤로 물러갔다.
"싫어요!"
마침내 위니가 소리를 질렀다.
"같이 안 갈 거예요! 안 가요!"
노란 옷의 남자는 문을 열고 위니를 밖으로 밀어냈다. 얼굴이 일그러진 채 두 눈은 불꽃처럼 이글거렸다.
돌연 외침 소리가 뚝 그쳤다. 갑자기 밀어닥친 침묵 한가운데로 매의 목소리가 차갑고 단조롭게 날아왔다.
"그 애를 가만 놔 둬."
매가 문간 바로 밖에서 오랫동안 손대지 않던 터크의 엽총을 곤봉처럼 들고 서 있었다.

본문 143쪽에서

① 아전인수(我田引水)   ② 타산지석(他山之石)   ③ 일촉즉발(一觸卽發)
④ 낭중지추(囊中之錐)   ⑤ 각골난망(刻骨難忘)

3 다음 글이 말하고자 하는 것과 거리가 먼 것은?

> 죽는 것도 수레바퀴의 한 부분인 거야. 태어나는 것과 함께 말이야. 우리는 자기가 좋아하는 부분만 골라 가지고 나머지만 버릴 수는 없는 거야. 수레바퀴의 한 부분이 된다는 것, 그것은 축복이야. 그러나 바퀴는 우리를 스쳐 지나가고 있어. 우리 터크 가족을 말이야. 끝없이 살아간다는 것은 힘든 일이야. 우리 가족처럼 영원히 사는 것은 아무 쓸모가 없어. 도무지 말이 안 돼. 어떻게 하면 다시 생명의 수레바퀴에 올라탈 수 있는지 알 수만 있다면 나는 당장이라도 하겠어. 죽는 것 없이는 사는 것도 없어. 우리 가족에게 주어진 것, 이것은 그러니까 사는 것도 아닌 거야. 우리 가족은 그저 있는 거야. 길가에 놓인 돌멩이처럼 그저 존재할 뿐이야.
>
> 본문 93~94쪽에서

① 이 세상의 원리에 대해 말하고 있다.
② 죽는 것도 축복이라고 생각하고 있다.
③ 존재하는 모든 것은 중요하다고 생각한다.
④ 인간도 생명의 수레바퀴 중 일부라고 생각한다.
⑤ 터크 가족은 생명의 수레바퀴에서 벗어나 있다고 생각한다.

4 ㉠의 근거로 가장 적절한 것은?

> '조금만 더 다가가서 보고, 그러고 나서 돌아서서 달아나야지.'
> 그러나 나무둥치 뒤에 숨어서 살며시 엿보았을 때, ㉠<u>위니는 입을 딱 벌리고 말았다.</u> 달아나려는 생각 같은 것은 이미 사라지고 없었다.
> 위니 바로 앞에는 공터가 있었고, 공터 한가운데는 굵은 뿌리가 사방으로 몇 미터씩 엉켜 뻗어 있는 큰 나무가 쑥 솟아 있었다. 그러나 중요한 건 큰 나무가 아니었다. 나무둥치에 등을 기대고 거의 어른이 다 된 한 소년이 한가롭게 앉아 있는 게 아닌가! 어찌나 잘생긴 소년인지 위니는 단박에 마음을 사로잡히고 말았다.
>
> 본문 36~37쪽에서

① 돌아서서 달아날 생각을 했기 때문에.
② 중요한 건 큰 나무가 아니었기 때문에.
③ 달아나려는 생각은 이미 없었기 때문에.
④ 잘생긴 소년에게 마음을 사로잡혔기 때문에.
⑤ 공터 한가운데는 큰 나무가 쑥 솟아 있었기 때문에.

로봇 친구 앤디

박현경 글 | 김중석 그림 | 별숲

영역 | 문학 언어
주제 | 진정한 우정

목표

1. 사건의 흐름을 파악할 수 있다
2. 인공 지능과 함께 살아갈 수 있는 방법을 생각해 본다.
3. 진짜 우정은 서로에 대한 배려와 이해로 이루어진다는 것을 알 수 있다.

줄거리

 5학년 이루네 반에 새로 전학 온 친구 신태오는 어린시절 몸이 약했던 친구 신도윤과 너무나 닮았다. 그러나 신태오의 성격이 달라도 너무 달라 이루는 혼돈에 빠지는데……. 그날 집으로 돌아온 이루는 삼촌으로부터 안드로이드 즉 로봇인 앤디를 선물받는다. 성격과 공감 능력에서 너무나 다른 두 친구를 한꺼번에 만난 이루는 누구와 진짜 친구가 될까?

도서 선정 이유

 얼마 전 우리 사회를 떠들썩하게 했던 알파고와 이세돌 9단의 바둑 대결 이후로 사람들은 인공 지능에 대한 관심이 높다. 사람과 로봇이 공존하는 세상은 더 이상 우리의 판타지로만 끝나지 않을 것 같기 때문이다. 로봇과 함께 살아가야 할 어린이들이 로봇과 공존하는 방법을 생각해 보고, 편리한 세상이 될수록 더욱더 중요해지는 인간다움을 공고히 할 수 있는 시간이었으면 한다.

1 가까운 미래에 우리나라는 장난감 가게나 전자 제품 회사에서 로봇을 판다고 합니다. 여러분은 어떤 인공 지능 로봇을 갖고 싶나요? 그림으로 표현하고 그 기능을 설명해 주세요.

2 로봇 친구 앤디를 만나러 가는 길은 단어 부품들을 조합해야만 갈 수 있다고 합니다. 단어들을 잘 연결해서 로봇 친구 앤디를 만나러 가 볼까요?

보기 인공 지능, 사이보그, 흡족, 전환되다, 임상 실험, 안드로이드

1) 인간과 똑같은 모습을 하고 인간과 닮은 행동을 하는 로봇.

2) 생물 본래의 기관과 같은 기능을 조절하고 제어하는 기계 장치를 생물에 이식한 결합체. 전자 의족이나 인공 심장, 인공 콩팥 등의 연구가 활발하다.

3) 인간의 학습 능력과 추론 능력, 지각 능력, 자연 언어의 이행 능력 등을 컴퓨터 프로그램으로 실현한 기술.

4) 조금의 모자람이 없을 정도로 넉넉하여 만족함.

5) 다른 방향이나 상태로 바뀌다.

6) 의약품, 의료기기의 안정성과 유효성을 증명하기 위해 사람을 대상으로 실시하는 실험.

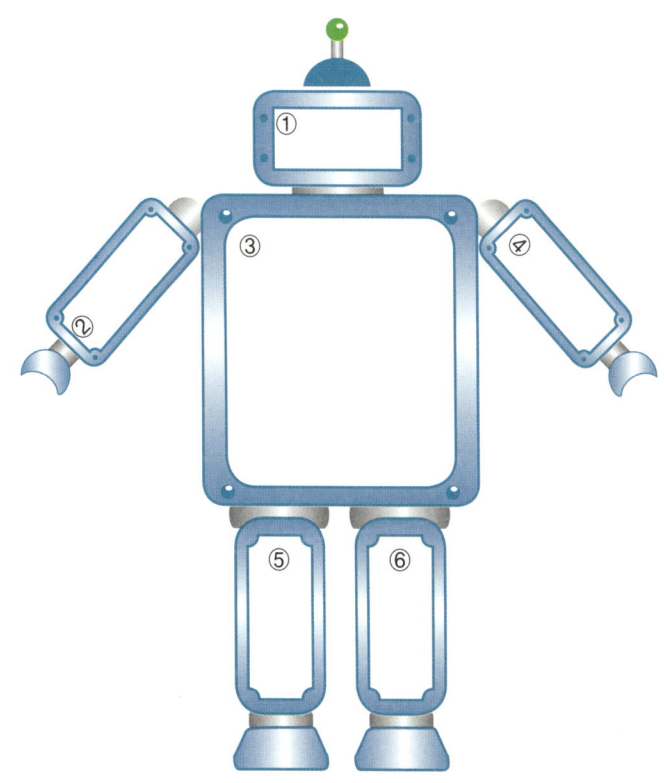

로봇 친구 앤디 | 55

책을 다시 읽는 아이들

1 이루네 반에 새로 전학 온 친구 신태오는 과거의 누구를 닮았나요?/ 그 친구는 어떤 친구였나요?

2 태오 때문에 속이 상한 이루가 집에 왔을 때 삼촌이 보낸 선물이 있었습니다. 그것은 어떤 기능을 가지고 있나요?

3 이루는 앤디가 로봇인 걸 들키지 않아야 했지만 가장 들키고 싶지 않은 태오에게 들키고 맙니다. 어떤 사건 때문인가요?

4 다리가 불편한 세아가 지금처럼 자유롭고 명랑하게 지낼 수 있었던 이유는 무엇인가요?

책·을·다·시·읽·는·아·이·들

5 이루는 앤디와 "친구랑 친해지는 방법"에 대해 이야기하다가 유치원 때 친구와 친해졌던 방법을 생각해 냅니다. 그 방법은 무엇인가요?

6 이루는 자기를 떠나는 앤디가 아무렇지 않은 것 같아 화가 납니다. 그러나 앤디는 〈오즈의 마법사〉의 양철 나무꾼 이야기를 하며, 이루를 달래 줍니다. 이때 앤디는 마음을 무엇이라고 표현했나요?

7 몸이 약한 도윤이가 강력한 힘을 가진 태오로 바뀐 원인은 무엇인가요?

8 불사 섬에서는 뉴 사이보그 프로젝트 연구가 비밀리에 진행되고 있었어요. 이 연구의 의도는 무엇이었나요?

로봇 친구 앤디 | 57

1. 〈로봇 친구 앤디〉에는 이야기를 이끌어 가는 많은 등장인물이 나옵니다. 등장인물들의 성격을 나타내는 행동이나 말하는 것을 보고 성격이나 특징을 정리해 봅시다.

등장인물	말이나 행동	성격
이루	성질 급한 내가 혼자 묻고 혼자 답하는 동안 엄마는 빙긋 웃으며 고개를 끄덕였다. 트럭에 유모차가 끼었을 때 앤디가 로봇인 것이 탄로나면 안되는데도 유모차를 구하려고 했다.	
앤디	이루가 인사하는 모습을 보고 그대로 따라하며 인사한다. "태오야, 지붕에 널 올려놓은 건 이루가 아니라 나야. 내가 미안해." 앤디는 내가 타고 있는 우주선을 온몸으로 떠안고 떨어졌다고 한다.	
태오	실험용 벌을 짓이겨 놓고 선생님께서 꾸중하시자 호기심이었다고 말하거나 재미있다고 말했다. 게임에서 졌을 때 어쩔 줄을 몰라 했다. "우리 할아버지가 노상 하시는 말씀이 자기 외엔 아무도 믿지 말라야."	
세아	세아는 내가 말하지 않아도 알아차릴걸요? "사고 후 내가 앤디 같은 다리라면 지금보다 더 명랑해졌을텐데……." 세아가 소리쳤다. "안 돼! 다들 그만해. 이루야, 싸우지 마. 태오 너도."	

2. 밑줄 친 말의 의미는 무엇일까요?

"왜 저한테 그런 얘기를 하세요?"
"태오는 네가 생각하는 그 애가 아니야."
"그 애라니요? 누구요?"
"이를 테면 <u>태오는 다시 태어난 거나 마찬가지니까.</u>"
"잠깐만요, 혹시 그 애는 신도윤을 말하는 건가요?"
아저씨는 내 얘기는 전혀 듣지 않고 자기 할 말만 했다.
"일을 복잡하게 만들지 마. 태오한테 더 이상 도윤이 얘기를 하지 마."

3 과학 기술에는 나쁜 점도 있어요. 아래 글을 읽고 물음에 답해 보세요.

> "도련님은 그 시절을 기억하지 못하는 게 확실합니다. 모친에 대해서도 전혀!"
> "닥터 맥클러의 기억 소거술이 꽤나 성공적이군. 그러나 그 또한 안심할 수 없지."
> – 중략 –
> "음, 아무래도 안 되겠어. 태오를 다시 닥터 맥클러에게 보내 기억이 완전히 소거 되었는지 확인하고, 이참에 정밀 검사도 하고 끊었던 호르몬 주사도 다시 맞혀. 태오가 내 후계자가 되려면 두려움이 없는 강한 사람이 되어야 해. 돈 없고 힘없는 것들이 얼마나 지조 없이 허물어지는지를 난 숱하게 봐 왔다. 세상은 오직 강한 자들의 편이야!"
> 본문 156쪽에서

1) 할아버지가 태오에게 기억 소거술이나 호르몬 주사를 맞히려는 까닭은 무엇일까요?

2) 강한 사람에서 '강하다'는 것은 무엇을 뜻할까요?

4 앤디는 인공지능을 가진 안드로이드입니다.

1) 로봇인 앤디와 사람인 태오 중에 누가 더 인간다운가요?

2) 인간답다는 것은 무슨 뜻인가요?

1 아래의 지문을 읽고 다음의 질문에 대답해 보세요.

> 똑같은 운동복을 입고 있어서인지 선수들이 다 비슷해 보였다. 하지만 곧 눈에 띄는 아이가 있었다. 태오였다. 팀의 주장인가 본데 몸놀림이 어찌나 빠르고 정확한지 몰랐다. 상대편 공이 날아올 때마다 족족 받아냈고, 조금도 지치는 기색이 없었다.
> 다들 한마디씩 던졌다.
> "신태오, 쟤 운동화엔 스프링이라도 달렸냐?"
> "흐흐, 그러게. 혼자 뛰어도 이기겠네."
> 그때 갑자기 태오가 한 아이에게 성큼성큼 다가가더니 거칠게 밀치며 소리쳤다.
> "꺼져, 이 머저리 굼벵이야!"
> 방금 전 태오가 사인을 주었지만 공을 받아 내지 못한 아이였다.

여러분은 위와 같은 상황에서 태오가 한 행동에 동의하나요?

동의한다, 동의하지 않는다. 왜냐하면

---

2 여러분이 무엇을 해도 지치지 않고, 힘도 엄청 센 태오와 같은 사이보그가 되었다고 해 봅시다.

1) 여러분은 무슨 일을 해 보고 싶나요?

---

2) 사이보그처럼 강한 인간으로 사는 삶은 어떨까요?

3 가까운 미래에는 앤디와 같은 로봇이 우리 주변에 등장한다고 합니다. 이미 영국에서는 안드로이드를 위한 법이 제정되었다고 하는데요. 다음과 같은 상황에서 누가, 어떤 책임을 져야 할까요?

> '이러다가 앤디가 나쁜 로봇이 되면 어떡하지?'
> 마음에 안 드는 사람은 지붕에 올려놓고, 화나면 폭력적으로 변하는 로봇. 거짓말도 밥 먹듯이 하고, 변덕이 나면 자기 멋대로 하는 로봇…….
>
> 📄 본문 101쪽에서
>
> 상황1〉 학교에서 이루(가명)를 계속 놀리는 태오(가명) 때문에 속상해하자 로봇이 태오를 때려 골절(4주 이상의 진단)되는 사건이 발생했다.

4 아래와 같은 이루가 거짓말하는 것은 옳은 일일까요? 근거를 들어 말해 보세요.

> 나는 숨을 한번 고르고 나서 앤디에게 부탁했다.
> "엄마가 날 보면 무슨 일 있었냐고 물으실 거야. 축구하다가 친구랑 부딪혔다고 말할 거야. 혹시 엄마가 너한테 물어볼지도 몰라. 그러면 잘 지낸다고 대답해. 알았지?
> 앤디는 대답하지 않았다. 뭔가를 생각하는 듯했다. 잠시 후 나를 보며 입을 떼었다.
> "이루, 우린 잘 지내지 못하잖아."
> "오늘 같은 날은 특히 그렇지."
> "그건 거짓말이잖아. 거짓말은 나쁜 거고."
> "하지만 어쩔 수 없는 경우도 있어. 인생이란 게 원래 좀 그런 거야."
> "어쩔 수 없는 경우? 원래 좀 그런 거? 그런 게 뭐야?"
> "응, 엄마가 걱정하실까 봐 사실대로 말할 수 없는 거지. 말하자면 배려라고나 할까……."

1. 아래 글의 제목으로 가장 적절한 것은?

> 며칠 전에도 태오는 저런 표정을 지었다. 아이들이 수군거렸다.
> "태오 쟤, 사냥 시합에서 져서 할아버지한테 벌 받았대."
> "무시무시한 지옥훈련!"
> —중략—
> 말이 채 끝나기도 전에 피웅, 총알이 날아왔다. 총알은 세아의 어깨를 아슬아슬하게 스치고 지났다. 다들 놀라 돌아보았다. 태오가 개조한 자신의 장난감 총에다가 글루건 총알을 장전하고 있었다. 태오네 집에는 일꾼들만 수십 명이라고 들었다. 소문은 차고 넘쳤다.
> "태오네 할아버지는 거대한 흡혈박쥐를 애완동물로 기른대."
> "벽에 총이 백 자루 걸려 있는데 화나면 총부터 꺼낸다."
> "신태오, 할아버지한테 야단맞고 나면 완전 패닉 상태가 된다더라."

① 태오의 장난감 총
② 태오네 집에 대한 소문
③ 태오의 성격에 대한 소문
④ 태오 할아버지에 대한 소문
⑤ 태오네 일꾼들에 대한 소문

2. 밑줄 친 ㉠의 근거로 보기 어려운 것은?

> 토론 대회 시간에 태오는 글짓기나 음악, 미술 시간은 없애 버려도 된다고 주장했다. "자, 보세요. 우리 교실은 햇빛이 잘 들어오고 공기가 저절로 맑아지도록 특수 설계법으로 지어졌습니다. 우리들 옷은 스마트 섬유 재질이에요. 바깥 날씨랑 상관없이 우리의 체온을 유지시켜 줍니다. 우린 대부분 백 살이 넘도록 삽니다. 못 고치는 병이 별로 없으니까요. ㉠이게 다 과학이 발달한 덕분이지요."

① 시를 외우고 그림을 그리는 것은 시간낭비다.
② 우리들 옷은 스마트 섬유재질이라 날씨와 상관없다.
③ 우리는 백 살까지 산다. 못 고치는 병이 없기 때문이다.
④ 과학자들은 쓰레기 처리문제, 환경보고, 식량난, 식수난을 해결한다.
⑤ 우리 교실은 햇빛이 잘 들어오고 공기가 저절로 맑아지도록 하는 특수 설계법으로 지어졌다.

아·이·들·을·위·한·P·S·A·T·와·L·E·E·T

3 다음 내용을 극본으로 바꾼다면 (   )에 들어갈 지문은 무엇일까?

"착각하지 마. 그래 봤자 로봇이야. "지금 뭐 해?"
"뭐 하긴, 창고에 처박혀 있겠지. 창고가 그렇게 좋은가?"   – 중략 –
태오는 기분 나쁜 표정으로 뇌까렸다.
"쳇, 그 추억이란 건 보나마나 너랑 연결된 거겠군."
"너 설마 우리 사이를 질투해서 앤디의 기억까지 손대려는 건 아니겠지?"
태오가 떠름하게 되물었다.
"기억?"

〈극본〉
태오 (한심하다는 듯) 착각하지마. 그래 봤자 로봇이야.
이루 (화를 가까스로 참으며) 지금 뭐 해?
태오 (한심해서 대답해주기도 귀찮다는 듯) 뭐 하긴, 창고에 처박혀 있겠지. 하고 싶은 거 하라고 했더니 창고 정리를 하겠대. 웃겨. 창고가 그렇게 좋은가?   – 중략 –
태오 (   ) 쳇, 그 추억이란 건 보나마나 너랑 연결된 거겠군.
이루 (걱정스러운 듯) 너 설마 우리 사이를 질투해서 앤디의 기억까지 손대려는 건 아니겠지?
태오 (떠름하게) 기억?

① 걱정스러운 듯 뇌까리며
② 격양된 어투로 뇌까리며
③ 한심한 표정으로 뇌까리며
④ 기분 좋은 표정으로 뇌까리며
⑤ 기분 나쁜 표정으로 뇌까리며

로봇 친구 앤디

독서만이 가다가 중지해도 간 것만큼 이득이다.

로직아이 샘 〈빨강〉 - 4단계 로직아이 샘 〈파랑〉 - 6단계 로직아이 샘 〈노랑〉 - 6단계 로직아이 샘 〈초록〉 - 6단계

김태옥 교수를 비롯하여 현직 초등학교 교사와 대학교 전공 교·강사, 독서지도사 전문강사, NIE강사, 논술지도 강사 그리고 방과후 학교 교사 등 150여 명의 집필 위원이 아이들에게 실제로 적용하면서 만든 국내 유일의 독서지도만을 위한 교재(YES24, 인터파크, 알라딘 등 인터넷 서점이나 교보문고에서 〈독서지도교재〉를 검색해 보세요.)

(글쓰기와 논술 그리고 토론은 교사를 잘못 만나면 가르치지 않는 것만 못하다. 그러나 독서지도는 엄마가 같이해도 좋고 선생님과 같이해도 좋다. 사랑을 같이한 시간만큼 이득이다.)

로직아이 리딩교육원은 여러분을 독서지도전문가의 길로 안내해 드립니다!

작가, 작품을 말하다! 코너에서는 김향이, 소중애, 원유순, 배유안, 이규희, 권영상, 한정기, 임정진, 손연자 선생님 등 동화작가들의 동영상 강의를 로그인만 하면 무료로 보고 들을 수 있습니다!

독서지도사 양성과정

14명의 국내 최고의 전문가들로 이루어진 독서지도사 양성과정 자격증 시험 실시

글쓰기 교재 〈쓰마〉 해제강의

유치원생과 초등학생을 지도 하시는 학부모와 선생님은 글쓰기 교재 〈쓰마〉 해제 강의를 들을 수 있습니다(편당 2,000원).

(03998) 서울시 마포구 잔다리로 120 (서교동 457-6) 303호
전화 : (02)747-1577 팩스 : (02)747-1599

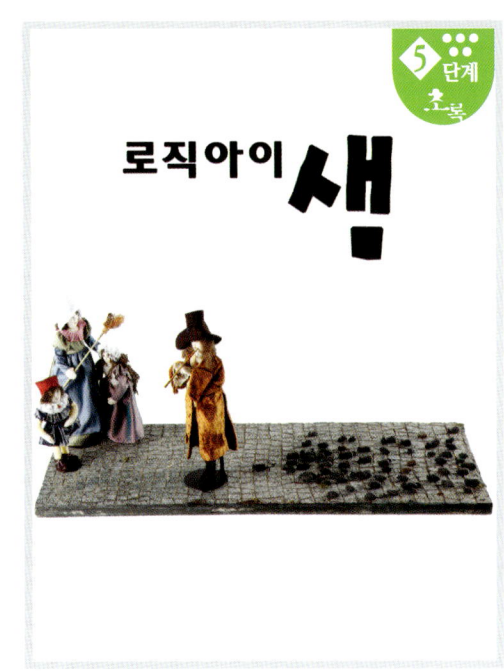

학부모와 선생님을 위한 **독서논술**

길라잡이

〈로직아이 샘〉과 길라잡이 사용 방법

| 특징 |

1. 〈로직아이 샘〉 1권은 6편의 동화로 구성되어 있으며, 동화 1편은 표지 포함 10쪽으로 이루어져 있다.
2. 〈로직아이 샘〉은 독서지도사, 방과후 학교 교사, 글쓰기 논술 학원 교사 그리고 서술식 문제로 출제 평가하는 초등학교 중학교 교사에게 필요한 교재이다.
3. 동화 한 편의 워크북은 90분 수업에 적합하도록 구성했다.
4. 6권의 필독서이므로 한 달 반 또는 세 달 사이에 교재 한 권의 진도를 나갈 수 있다.
5. 한 권의 독서지도 교재에는 5개 영역(문학 언어, 인문 예술, 사회, 역사 인물, 과학 탐구)을 담되, 1권당 문학 언어 영역이 1/2이 넘도록 했다.

1학년은 1단계, 2학년은 2단계, 3학년은 3단계, 4학년은 4단계, 5학년은 5단계, 6학년은 6단계로 구분했지만, 아이들의 취향이나 선생님의 지도방법에 따라 선택 지도할 수 있다.

| 각 꼭지 별 내용 |

* 각 작품의 첫 쪽에는 책의 줄거리와 도서 선정 이유를 담고 있다.

'책을 펴는 아이들'은 읽기 전 활동에 해당한다.

'책을 다시 읽는 아이들'은 책을 다 읽은 후에, 책의 내용을 다시 한 번 점검하는 활동을 담고 있다.

'책을 깊게 읽는 아이들'은 주제를 심화시키는 활동에 해당한다.

'책을 내 것으로 만드는 아이들'은 독서 내용을 확장하는 활동 꼭지이다.

'아이들을 위한 PSAT와 LEET'는 논리적인 사고를 훈련하는 꼭지다. PSAT(공직적성평가)와 LEET(법학적성평가) 형식의 문제 유형을 초등학생 버전으로 만든 것이다.

잘못 뽑은 반장

책을 펴는 아이들(5쪽)

1. [예시답]
친구들의 추천을 받아 후보자로 등록한다. → 후보자는 친구들 앞에서 자기소개를 한다. → 후보자 홍보, 공약 발표 → 투표지 배분 → 개표 → 집계 → 당선자 발표 → 당선자 소감 발표

[길라잡이]
학생들에게 학교에서 반장 선거를 해 본 경험을 물어본 뒤에 기억을 떠올려 가며 투표 과정을 쓸 수 있도록 도와준다.

2. [예시답]

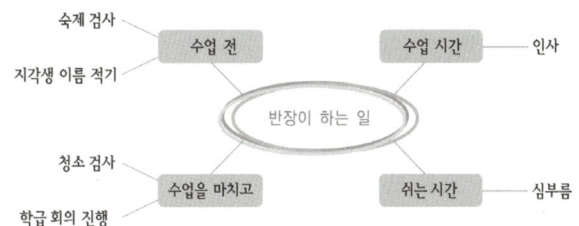

[길라잡이]
반장이 하는 일에 대한 생각이나 느낌을 떠올려 보고, 기준을 세워 분류하면서 생각을 체계적으로 정리하게 한다.

[도움글]
마인드맵은 생각 지도라는 뜻으로 중요한 사실이나 개념을 재빨리 파악하여, 그 생각들이 어떻게 연관되어 있는가를 간단한 기호나 문자 또는 그림으로 나타내는 것이다.
마인드맵을 만드는 방법은 다음과 같다.
① 중심 주제나 이미지를 종이 한가운데에 쓴다.
② 중심에 주가지(중심 이미지로부터 뻗어 나온 가지)를 연결하고, 주가지에 부가지(주 가지에서 파생된 또 다른 가지들)를 붙여 간다. 단어보다 이미지가 떠오른다면 그 이미지를 그려도 된다. 부가지에 주제와 관련되는 핵심 단어를 쓴다.
③ 마음속에 바로 떠오를 수 있도록 시각적으로 색깔을 보충해도 좋다.

3. [예시답]
학급을 대표하고 싶어서, 부모님이 좋아하셔서, 안 나가면 허전해서, 반 친구들에게 봉사도 하고 친구를 많이 사귀고 싶어서, 선생님의 관심을 받고 싶어서 등

[길라잡이]
자신이나 가까운 친구가 반장 후보에 나간 적이 있다면 어떤 이유 때문에 임원 선거에 나갔는지 경험을 나

눈 뒤에 자신의 생각을 적어 보는 것이 좋다.
4. [예시답]
공부를 잘하는 친구, 착한 친구, 친한 친구, 다른 친구들에게 도움을 많이 줄 것 같은 친구 등
[길라잡이]
그동안 반장 선거를 하면서 어떤 후보를 어떤 이유에서 뽑았는지 서로 이야기를 나눈 뒤에 각자 답을 적어 본다.

책을 다시 읽는 아이들 (6~7쪽)

1. [정답]
로운이의 부모님은 건강하지 못한 쌍둥이 누나 '루리'에게 이로운 동생이 되라는 의미에서 '이로운'이라는 이름을 지어 주었다.
2. [정답]
담임 선생님은 이로운이 친구들에게 해로운 짓만 골라서 하기 때문에 '해로운'이라고 부른다.
3. [정답]
로운이가 반장 선거에 나간다는 말에 반 아이들이 비웃는다. 이 모습에 오기가 생긴 로운이는 반장 선거에서 이겨야겠다고 결심한다.
[길라잡이]
반 아이들 반응에 기분이 상했던 로운이는 짝꿍인 백희가 다섯 표를 얻으면 일주일 동안 여친을 해 주겠다는 빈정거림을 들은 이후 모두에게 본때를 보여 주기로 결심한다.
4. [정답] | 머슴
5. [정답]
반장이 떠드는 아이들을 조용히 시키지 않았기 때문이다.
6. [정답]
우유 당번, 급식 도우미, 우유 나누어 주기, 대신 우유 먹어 주기
7. [정답] | 칭찬 알레르기
8. [정답]
제하가 다른 아이들이 그린 그림을 보고 잘 된 부분만 그대로 베껴 그린 것을 폭로했다.
9. [정답]
굳이 누나의 복수를 해 주고 싶은 생각도 없었고, 싸움이 났을 경우 엄마와 슈퍼마켓 아줌마 사이에 다툼이 생겨 멀리 떨어진 가게로 초콜릿을 사러 다녀야 하는 일이 귀찮기 때문이다.
10. [정답]
제하가 학교에 빠진 이유는 미술 시간 이후 선생님과 친구들에게 망신당하고 학교생활에 흥미를 잃었기 때문이다. 로운이가 제하네 집을 찾아간 이유는 제하가 아픈지 걱정되었기 때문이다.
[길라잡이]
제하는 미술 시간에 다른 친구의 그림을 베껴 낸 것이 들통 난 이후 친구들이 너도나도 제하의 잘못된 과거 행동을 폭로하자 학교생활에 흥미를 잃고 급기야는 수학 시험에서 0점을 맞는다. 로운이는 제하가 아픈지 걱정이 되었고 만나서 화해하고 싶은 마음에 제하네 집을 찾아간다.

책을 깊게 읽는 아이들 (8~9쪽)

1. [예시답]
반장은 급식 시간에 본인과 반 아이들 모두 잔반을 남기지 않도록 해야 한다. 그러나 로운이는 반장이면서도 모범을 보이지 않았고, 정규를 비롯한 남자 아이들도 로운이를 핑계로 대고 잔반통에 반찬을 쏟아 버린다. 자신의 나쁜 행동을 남 탓으로 돌린 것이다.
[길라잡이]
지문을 읽고 가장 잘못한 사람이 누구인지 물어본다. 그 후에 그렇게 생각하는 이유를 말하고 어떻게 행동해야 하는지 대안도 제시할 수 있도록 지도한다. 예를 들어 정규 일당이 잘못했다고 대답을 하면 "정규 일당이 왜 잘못했다고 생각하지?"라고 질문을 해서 "자신의 잘못된 행동을 반장 탓으로 돌린 것은 비겁한 행동이라고 생각해요."라고 구체적으로 말할 수 있도록 유도한다. 또한 "반장이 규범을 지키지 않더라도 평소대로 규칙을 지켜야 해요."라는 대안까지 도출되도록 지도한다.
2. [예시답]
봉사 – 우유 당번, 숙제 검사, 심부름, 반 친구들의 불만 들어주기, 급식 도우미
희생 – 반의 대표로 혼나는 것, 친구를 돕는 일, 개인 시간을 양보하고 도우미 역할을 하는 것
[길라잡이]
이 문제를 풀기 위해 친구들과 이야기를 나누면서 내가 생각하는 반장의 모습을 구체적으로 떠올릴 수 있도록 한다.
3. [예시답]
로운의 엄마는 아들과 사이가 좋지 않다. 로운이는 엄마가 자기를 좋아하지 않는다고 생각한다.
[길라잡이]
㉠과 ㉡ 모두 로운이의 생각을 나타낸 글이다. 지문 속에서 엄마와 로운이와의 관계를 나타내는 문장을 찾아 글 속에 숨은 뜻을 유추해 내도록 유도한다. ㉠에서는 엄마가 나를 좋아하지 않는다는 것을 알 수 있고 ㉡에서는 엄마가 나보다 누나를 더 편애한다는 의미를

찾을 수 있다.

4. [정답]
로운이는 성격이 급하다. 로운이는 장애를 가진 누나를 싫어한다. 보통의 누나였다면 말을 느리게 한다고 해도 화를 내지는 않을 것이기 때문이다. 로운이는 상대방의 입장을 생각하지 않는다.
[길라잡이]
누나는 자신이 말을 빨리 하지 않으면 로운이가 화를 낼까 봐 겁을 먹고 있다. 이런 사실을 통해 로운이의 성격과 누나에 대한 로운이의 생각을 짐작할 수 있다.

책을 내 것으로 만드는 아이들(10~11쪽)

1. [예시답]
안녕하십니까? 홍길동입니다. 저를 반장으로 뽑아 주신다면 저희 반을 위해서 봉사하고 헌신하는 반장이 되겠습니다. 친구들과 잘 어울리지 못하는 친구가 있으면 친구들과 함께 잘 어울릴 수 있도록 도와주겠습니다. 또한 분위기 좋은 반을 만들기 위해 노력하겠습니다.
[길라잡이]
선뜻 글을 쓰기 어려워하는 아이들에게는 평소 반장에게 어떤 불만이 있었는지 기억을 떠올리게 하고 어떤 선거 전략으로 접근해야 할지 생각해 보게 한다.

2. [예시답]
제하가 한 말은 사실이다. 그러나 제하는 어른의 입장을 생각하지 않고 버릇없이 말했기 때문에 잘못이라고 생각한다. 그 말이 사실이라고 해도 상대방의 입장을 생각해서 말해야 한다. 그렇지 않으면 다른 사람의 감정은 무시하고 자신의 감정만 중요하게 생각하는 것일 수 있다.
[길라잡이]
자신의 주장에 근거를 더하여 답하는 문제이다. 아이들이 제하의 언행 안에 잘못인 부분이 있다면, 교사나 학부모는 왜 그렇게 생각하는지 적절한 근거를 들 수 있도록 도와주어야 한다. 제하는 사실을 말하고 있지만 감사 인사를 하는 로운이 엄마를 부끄럽고 무안하게 만들었기 때문에 버릇없는 행동을 한 것이다.

3. [예시답]
잘못한 사람 : 로운
그렇게 생각하는 이유 : 반장의 의무를 하지 않았기 때문에
[길라잡이]
만약 학생들이 더 잘못한 사람을 아이들이라고 할 경우에는 "조용히 독서를 해야 하는 것은 스스로의 책임이다. 그렇기 때문에 반장에게 모든 책임을 떠넘기고 자신들은 책임지려고 하지 않는 아이들의 행동에도 문제가 있다."는 이유를 들어 설명할 수 있다.

4. [예시답]
재천이에게
재천이 너는 혼 좀 나야 할 것 같아. 같은 동네에 사는 루리를 자주 괴롭힌 것은 아주 나쁜 행동이야. 장애인인 루리가 얼마나 괴롭겠니? 입장 바꿔서 생각해 봐. 재천이 너는 다음부터 괴롭힘을 당하는 사람들의 입장을 잘 생각해서 약한 사람을 괴롭히는 일을 그만둬. 앞으로 잘 생각해서 행동해야 할거야. 항상 지켜볼게.
[길라잡이]
책 속의 구체적인 사건을 예로 들어 써도 좋다.

5. [길라잡이]
이런 문제는 대통령 선거에도 적용하여 이야기할 수 있다. 우리나라 대통령 선거나 국회의원 선거에서 여러 명의 후보가 출마했을 때 전체의 30% 이하의 득표를 했다고 하더라도 당선이 된다. 대통령 선거에서 결선 투표를 하게 되면 비용도 많이 들고 시간도 많이 들지만 대표성이 있다는 장점이 있다. 어떤 것이 좋은지를 생각해 보는 데 의의가 있다.
[예시답 1]
결선 투표를 하는 것이 좋다. 그래야 50% 이상의 지지를 얻어 명실상부하게 반의 대표라고 할 수 있기 때문이다.
[예시답 2]
30%가 되지 않았다고 해도 그냥 반장으로 뽑는 것이 좋다. 또 다시 투표하면 번거롭고 대부분 여러 명 중의 1등이 결선 투표에서도 1등을 하기 때문이다.

아이들을 위한 PSAT와 LEET(12~13쪽)

1. [정답] | ①
[길라잡이]
지문을 이해하여 망치가 죽은 상황에 대한 사실 정보를 파악하는 문제이다. 엄마가 따라 나가기만 했어도 망치가 차에 치이는 일은 없었을 것이라고 생각하는 장면에서 엄마가 집에 계셨고 누나 혼자 망치를 데리고 나갔다는 것을 추론할 수 있다. 따라서 ①이 정답이다. 누나가 망치를 제어하지 못했기 때문에 망치가 제멋대로 뛰어다녔음을 추측할 수 있기 때문에 ②는 적절한 추론이라고 하겠다. ③ 또한 맞는 말이라는 것은 지문을 통해 확인할 수 있다. ④와 ⑤는 망치가 제멋대로 뛰어다니다 우발적인 사고로 죽었기 때문에 옳은 말이라고 할 수 있다.

2. [정답] | ⑤
[길라잡이]
제시된 상황 속 대화를 읽고 인물들이 갈등하는 원인을 추론해 내야 한다. 로운이는 반장이지만 숙제를 해 오지 않았다. 그래서 반장 도우미인 제하가 대신 숙제 검사를 한다. 평소 로운이를 무시하던 제하는 반장이면서 숙제도 해 오지 않은 로운이에게 다른 아이들과 달리 벌점을 세 개나 준다. 담임선생님은 제하에게 공평하지 못한 행동이라고 꾸짖지만 제하는 오히려 로운이가 반장답게 모범을 보이지 못했기 때문이라고 당당하게 주장한다.
로운이가 반장이면서 숙제를 안 해 와서 모범을 보여주지 못했기 때문에 제하가 빗금을 세 개나 주어 담임선생님에게 꾸중 듣는 장면이 나온다. 그렇기 때문에 제하가 마음대로 벌점을 줄 수 없다는 것을 알 수 있다. 따라서 ⑤가 답이다.

3. [정답] | ③
[길라잡이]
로운이가 반장 역할을 하지 않자 반 아이들은 로운이를 무시하기 시작한다. 자존심이 무너진 로운이는 선생님과 아이들이 바라는 대로 반장을 그만둘지 귀찮은 것을 참고 반장 역할을 제대로 할지에 대해 갈등한다. '무너진 자존심'이라는 단어가 나와 있지만 이것은 답이 아니다. 아이들은 로운이에게 자존심이 없어서 한심하다고 생각하는 것이 아니다. 책임감을 다하면 자존심을 세울 수 있기 때문에 여기서의 '자존심'은 책임감의 결과라고 할 수 있다. 따라서 반아이들이 로운이를 한심하게 생각한 이유는 반장으로서 책임감이 부족했기 때문이라고 말할 수 있다. 그러므로 ③이 정답이다.

4. [정답] | ③
[길라잡이]
지문 내용을 이해하여 근거를 추론하는 문제이다. 두 개의 항아리 안에 들어 있는 쪽지를 한 장씩 꺼내어 짝을 정하는데, 여자아이 세 명은 모두 나와 짝을 하고 싶어 하지 않는다. 따라서 ③이 정답이고 ④는 틀린 내용이다. 나와 여자아이들의 사이가 좋지 않다는 것을 알 수 있기 때문에 ①과 ②는 맞지 않고 셋이 똑같이 토하는 시늉을 하는 부분에서 ⑤가 틀렸다는 것을 알 수 있다.

생명, 알면 사랑하게 되지요

책을 펴는 아이들(15쪽)

1. [정답]

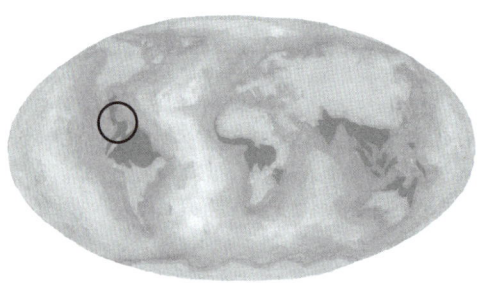

[길라잡이]
코스타리카와 파나마는 남북 아메리카를 잘록하게 이어주면서 나란히 붙어 있는 나라이다. (31쪽) 최재천 선생님이 가신 코스타리카와 파나마의 위치를 확인한다

2. [정답]

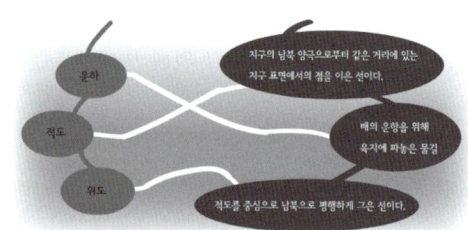

[길라잡이]

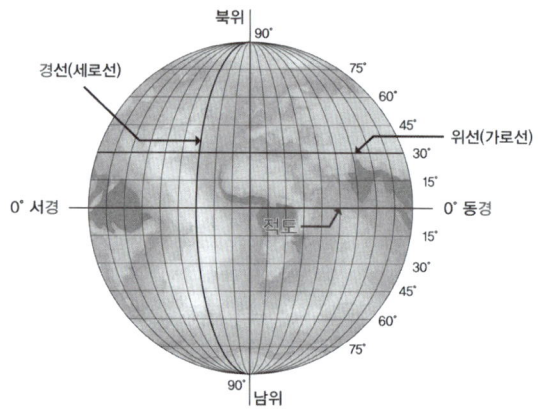

처음 듣는 생소한 단어를 지도를 보며 설명한다. 위치에 따른 이름을 알아본다.

3. [정답] | ①-열대, ②-온대, ③-한대, ④-열대림 (29쪽)
[길라잡이]

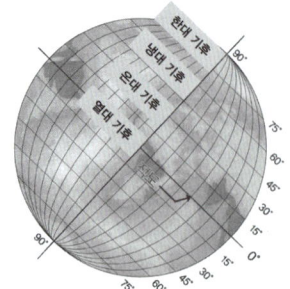

📖 책을 다시 읽는 아이들(16~17쪽)

1. **[정답]**
   ① 잎꾼개미(36~40쪽) ② 통가라개구리(47쪽)
   ③ 온두라스 흰박쥐(57, 58쪽) ④ 딱정벌레(75, 76쪽)
   ⑤ 민벌레(44쪽) ⑥ 꿀벌(92쪽)
   ⑦ 부시마스터(64, 65쪽)
   ⑧ 아즈텍여왕개미(81~84쪽) ⑨ 염낭거미(76, 77쪽)

2. **[예시답]**
   까치의 먹이인 곤충이 없고 집 지을 곳이 없다.
   [길라잡이]
   사람들이 농약을 너무 많이 사용하는 바람에 곤충이 줄어 먹이가 줄었고 사람들이 나무를 많이 베어 집 지을 곳이 마땅치 않아 전봇대를 찾아야 했다. (109쪽)

3. **[정답]** | 생명의 그물
   [길라잡이]
   자연에서 생명은 마치 그물처럼 이어져 있다. 각각의 생명은 그물에서 한 코를 차지할 뿐인데, 그물 한 코가 망가지면 그와 연결된 다른 그물코들이 줄줄이 영향을 받는다. (122쪽)

4. **[예시답]**
   카이밥 고원의 포식 동물이 줄자 처음에는 사슴의 수가 늘었지만 시간이 지나자 사슴의 수에 비해 먹이가 부족해서 사슴의 수도 많이 줄어들었다. (115~117쪽)
   [길라잡이]
   사람이 인위적으로 생명의 그물에 손을 대면 안 된다는 사례 중의 하나이다.

5. **[예시답]**
   날파리를 죽이기 위해 살충제를 뿌렸더니 처음에는 날파리들이 죽었지만, 시간이 지나자 날파리는 더 강해져서 잘 죽지 않았고, 많은 물고기와 새들은 살충제를 먹은 날파리를 잡아 먹고 죽었다. (120~121쪽)
   [길라잡이]
   가정에서라면 몰라도 살충제는 가능하면 사용하지 않는 것이 좋다. 동물들뿐만 아니라 사람들에게도 많은 피해를 입히기 때문이다.

6. **[정답]**
   제돌이는 남방큰돌고래로 멸종 위기종이기 때문이다.
   [길라잡이]
   제돌이는 제주 바다에서 어민들에게 잡힌 뒤 어쩌다 서울대공원으로 와 쇼에 이용되었다. 멸종 위기종은 함부로 잡아서도 안 되고, 쇼 같은 데 내보내서도 안 된다. (126쪽)

📖 책을 깊게 읽는 아이들(18~19쪽)

1. **[예시답]**
   자신이 좋아하는 자연과 하나가 된다는 느낌이 들어서.
   [길라잡이]
   인간 세계에서는 끔찍하게 생각할 만한 상황이지만 정글에서는 인간도 자연의 한 부분이기 때문에 이상할 것이 없다. (24쪽)

2. **[예시답]**
   박쥐에 대해 부정적인 이미지를 가진 까닭 – 박쥐가 사는 곳이 지저분하고, 병균을 옮긴다는 기사를 들어 왔기 때문이다.
   박쥐를 영리하고 지혜로운 동물이라고 말하는 까닭 – 박쥐는 해충을 잡아먹고, 밤에는 식물의 가루받이를 해 주고, 흡혈박쥐는 피를 나누어 주고, 피를 받아먹은 박쥐는 은혜를 갚고, 나뭇잎으로 튼튼한 집을 만들 수 있어서이다.

3. **[예시답]**
   생명을 알면 사랑하게 된다는 책 제목처럼 전갈 어미의 지극정성인 새끼 사랑의 모습을 보고 전갈에 대해 알았고, 그래서 전갈을 진정으로 사랑하게 되었다는 말이다.
   [길라잡이]
   전갈 어미의 지극한 자식 사랑의 모습을 보고 그 모습에 반해 (생명의 아름다움)을 진짜 사랑하게 되었다.

4. **[예시답]**
   생명은 그물처럼 연결되어 있어서 자연을 지켜야 인간이 살 수 있기 때문이다.
   [길라잡이]
   생명의 그물은 인간이 생각하는 것보다 훨씬 복잡하고 거대하다. 자연 없이는 인간도 살 수 없다. (115~122쪽)

📖 책을 내 것으로 만드는 아이들(20~21쪽)

1. **[예시답]**
   고래는 그물에 걸린 친구를 구하기 위해 그물을 물어뜯는가 하면, 사냥을 방해하기도 한다. 인간도 자신이 위험하면 다른 사람을 도와주지 못하는데 위험을 감수하며 동료를 돕는 고래의 이야기는 인간보다 더 정의로운 것 같다.
   [길라잡이]
   (90쪽 부터)
   꿀벌의 언어 – 원형 춤(가까이에 먹이가 있다), ∞춤(먹이가 50미터 이상 떨어져 있다), 직선 춤(천천히 오래 추면 먹이가 있는 곳까지 거리가 멀다), 춤추는 방향의 각도(태양에서 먹이가 있는 각도를 나타냄)
   침팬지 도구 사용 – 나뭇가지로 흰개미를 잡아먹는다. 큰 돌망치로 씨앗을 깨어 먹는다

고래 – 다친 동료가 있으면 여러 마리가 둘러싸 떠받쳐 허파로 숨쉴 수 있게 보살핀다.
침팬지 – 죽은 어미를 그리워하다 죽은 어린 침팬지, 자식의 시체를 품에 안고 다니는 어미 침팬지
코끼리 – 죽은 어미의 머리뼈를 굴리며 시간을 보낸다.

2. **[예시답]**
동물을 애완동물로 키우는 사람은 동물을 장난감으로 생각하고 책임을 회피하지만, 반려동물이라고 생각하는 사람은 동물을 가족처럼 사랑해 주고 끝까지 책임져 준다.
[길라잡이]
애완동물, 반려동물의 뜻을 정리해 본다. 반려는 생명으로 존중하는 마음이 담겨 있다. 끝까지 함께한다는 마음이 아니라면 아예 키울 생각을 하지 않아야 한다. (102쪽)

3. **[예시답 1]**
동물원은 필요하다.
이유 – 지금도 많은 동물이 멸종되어 가고 있어 종의 보전을 위해 동물원은 필요하다. 동물원을 야생의 모습과 비슷한 조건으로 만들어 사냥, 짝짓기, 자신의 공간, 이동을 자유롭게 만들어 주어야 한다. (예) 사파리, 이탈리아 바이오파르코 동물원 – 작은 유리창을 통해서만 동물을 관찰한다.
[예시답 2]
동물원은 사라져야 한다.
이유 – 동물원이라는 일정한 공간에서 살아야 하는 동물의 입장에서 생각해 본다면 자유로운 삶을 누릴 권리를 얻지 못하기 때문에 동물원은 없어져야 한다. 동물들을 위해서 일정한 공간을 정해 사람이 들어가지 못하게 하고 동물들이 자유롭게 살 수 있게 만들어야 한다. (예) 야생 동물 보호 구역 만들기
[길라잡이]
동물원의 기능 – 동물을 기르고 번식시키며, 동물과 관련된 학문을 연구 발전시키며 멸종 위기의 야생 동물을 번식시켜 자연으로 되돌려 생태계를 유지하고 번성시킨다.
동물원의 문제점 – 배설물을 쉽게 치우기 위해 만든 시멘트 바닥은 동물들의 발톱을 상하게 하고 사람들이 버린 쓰레기는 동물들의 배탈을 유발한다. 사람들이 주는 음식으로 인해 동물들은 동물의 본성을 잃을 수도 있다. (124쪽)

4. **[예시답]**
① **다른 여왕개미들과 싸우지 않고 함께 산다.**
이유 – 싸움은 이길 수도 있지만 질 수도 있다. 함께 돕고 사는 것이 다 함께 잘 사는 방법이다.
② **끝까지 싸워 정복할 것이다.**
이유 – 여왕개미로 태어난 이상 나는 자손들을 위해 끝까지 싸워 트럼펫 나무를 지배하고 유일한 여왕개미로 남을 것이다. 이 나무는 나의 나무라는 생각을 하게 만들 것이다.

5. **[예시답]**
동물도 도구를 사용할 줄 안다는 사실을 제인 구달 박사가 밝혀냈다는 것이 흥미로웠다. 사람만이 도구를 사용할 수 있는 줄 알았는데, 그런 선입견이 깨졌기 때문이다.
[길라잡이]
최재천 선생님이 겪은 일화나 새롭게 알게 된 점, 기억에 남는 이야기를 이유와 함께 정리해 본다.

아이들을 위한 PSAT와 LEET(22~23쪽)

1. **[정답]** | ⑤
[길라잡이]
건강한 닭을 키워야 하는 이유는 조류 독감 바이러스가 활개를 치면 우리나라를 찾는 철새에게 큰 위협이 될 수 있기 때문이다. ①은 지문에 이치에 맞지 않는다고 나와 있으니 오답이고, ②도 현실적으로 맞는 말이지만 지혜롭지 못한 행동이라고 나와 있으니 오답이다. 닭이 조류 독감에 약한 까닭은 사람이 힘을 빼앗기 때문인데, 그것과 철새의 관계가 나타나 있지 않기 때문에 ③도 오답이다. ④의 조류 독감 바이러스의 유행은 철새와 닭의 관계를 언급하지 않았기 때문에 올바른 근거가 될 수 없다. 그런데 ⑤는 닭이 조류 독감에 걸리면 철새에게 위험이 되기 때문에 건강한 닭을 키울 수 있는 방법을 찾아야 한다는 것이다. 이것이 맞다. 따라서 정답은 ⑤이다.

2. **[정답]** | ③
[길라잡이]
주어진 문장의 적절한 근거를 찾는 추론 문제이다. 카이밥 고원에서, 클리어 레이크에서 아직도 교훈을 제대로 얻지 못했다고 주장하는 이유는 지금도 인간은 생명의 그물에 마음대로 손을 대고 있다는 사실에서 찾을 수 있다. 따라서 정답은 ③이다. ①은 생명의 그물은 인간이 상상하는 것보다 훨씬 복잡하고 거대하다는 문장의 근거가 될 수는 있지만, ㉠의 근거로는 부족하다. ②의 재앙이 닥친 뒤에야 원인을 추측하는 것도 그 영향이 어떻게 나타날지 아무도 모르기 때문일 뿐 ㉠과 직접 관계는 없다. 따라서 ②와 ④도 정답이 아니다. ⑤는 생명 그물에 대한 설명일 뿐 ㉠의 근거라고 할 수 없다.

3. **[정답]** | ①
[길라잡이]
제시문은 제돌이를 풀어 줄 때의 고민을 이야기하고 있는데, 그 고민을 한마디로 표현하는 문제이다. 제시문의 내용을 간단하게 표현하면 제돌이가 자연 속에서 잘살까

하는 것이다. 따라서 정답은 ①이다. ②를 "제돌이는 야생동물로 잘살 수 있을까?"라고 했다면 맞는 말일 것이다. 제돌이가 야생 동물인지의 여부는 전혀 고민거리가 아니다. 제돌이는 사람들의 은혜를 기억할 필요도 없고 동물원에서 배운 것은 야생에서 필요하지 않다. 그리고 제돌이가 전염병을 옮길까 걱정이지, 제돌이가 전염병에 걸릴까 걱정하는 것도 아니다. 더 나아가 제돌이가 전염병을 옮기지 않을까라는 문장이 있다고 해도 그것은 전체 중의 일부이다. 따라서 ③, ④, ⑤도 정답이 아니다.

4. [정답] | ①
[길라잡이]
제시문 전체를 요약하는 문제이다. 요약 문제는 전체를 일반하하는 문제라고도 할 수 있다. 제시문은 개와 고양이의 공통점이 아닌 차이점을 설명하고 있다. 따라서 ①이 정답이다. 개와 고양이의 공통점은 나와 있지 않고, 개뿐만 아니라 고양이를 잘 키울 수 있는 사람도 설명하고 있다. 따라서 ②와 ③은 정답이 아니다. 고양이와 잘 지낼 수 있는 사람에 대해 말하고 있지만 그것이 주된 설명이 아니고, 형편이 곤란한 사람의 이야기는 나와 있지 않다. 따라서 ④와 ⑤도 정답이 아니다.

우리 학교가 사라진대요

📖 책을 펴는 아이들(25쪽)

1. [정답]
인구 조사, 기일, 합계 출산율, 종택, 남아 선호 사상, 동문회, 학령 아동, 교육청
2. [예시답]
학교에 다닐 아이들이 없어 학교가 문을 닫을 것이다. / 일할 사람이 없어 공장이나 회사가 문을 닫고, 결국 나라 경제가 어려워질 것이다. / 아이가 자라서 어른이 되면 많은 노인을 부양해야 하므로 잘살기가 힘들 것이다. / 인구가 줄어들면 사람들이 집 걱정을 하지 않을 것이다. / 쓰레기를 배출하는 사람이 줄어들어 환경 오염이 줄어들 것이다.
[길라잡이]
신생아는 줄고 있지만, 평균 수명은 길어져 노인 인구가 늘어나면 사회가 어떻게 될지 다양한 관점에서 예측해 볼 수 있도록 한다.

📖 책을 다시 읽는 아이들(26~27쪽)

1. [정답]
일본이 국세 조사를 실시한 뒤 큰아들과 둘째 아들이 전쟁터로 끌려가 생사를 알 수 없게 되었는데 이번에도 그럴 것이라고 생각했기 때문에.
2. [정답]
우리나라 사람들은 대부분 농사를 짓고 살았는데, 농사에는 일손이 많이 필요했기 때문이다.
3. [정답]
남학생 수가 많은 데다 귀성이는 키가 커서 뒷번호였기 때문이다.
4. [정답]
태아의 성별 확인 행위에 대해 금지 조치를 취했다.
5. [정답]
시은이 엄마는 한 명만 낳아 잘 기르면서 좋은 엄마가 되고, 자신의 인생도 지키겠다고 다짐했기 때문이다.
[길라잡이]
시은이 엄마 황말희는 결혼해서 자식을 낳더라도 모든 인생을 자식들에게 쏟아붓기보다는 자신의 꿈과 인생을 지키겠다고 다짐했다.
6. [정답] | 출산 억제, 출산 장려
7. [정답]
몇 년 전부터 학생 수가 급격히 줄어든 데다 해마다 입학생 수도 줄고 있기 때문이다.
8. [정답]
온라인 서명 운동, 학교 홍보 동영상 제작, '내 아이 보내고 싶은 학교 만들기' 프로젝트 등.
9. [정답] | 프랑스

📖 책을 깊게 읽는 아이들(28~29쪽)

1. [정답]

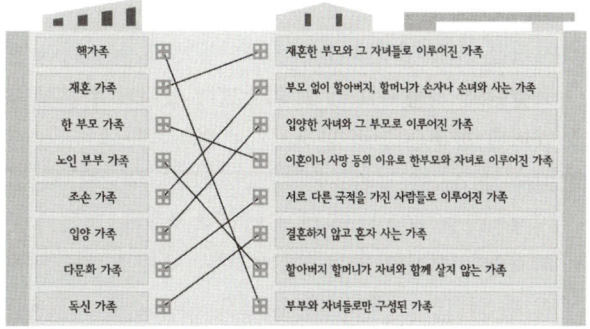

2. [예시답]
같이 다니면 형제자매가 많다는 걸 사람들이 알게 될까 봐. / 아들을 낳기 위해 태어난 아이라는 듯 딱하게 바라보는 시선이 싫어서.
[길라잡이]
말희의 속마음은 형제자매가 너무 많다는 사실이 부끄럽기도 하고 사람들의 시선도 싫어서 서로 함께 다니지 않는다는 것이다.

3. [예시답]

첫 번째 '울음'은 창피하고 속상해서 나온 울음이고, 두 번째는 자신을 걱정해 준 가족들이 고마워서 터진 울음이다.

[길라잡이]

첫 번째 상황에서 복희의 '울음'은 부끄럽기도 하고, 친구들과 맘껏 놀 수 없는 자신의 처지에 대해 속상하고 짜증나는 마음이 담긴 울음이다. 두 번째 '울음'은 가족들이 자기를 걱정하는 마음을 고스란히 느끼면서 행복감에 젖어 우는 울음이라고 할 수 있다.

4. [예시답]

아이를 낳아 키우는 게 무척 힘들기 때문에. / 아이를 키우려면 돈이 많이 드는데 종희 고모는 경제적으로 여유가 없어서.

[길라잡이]

고모들은 이미 아이를 낳아 키우면서 이러한 어려움을 직접 겪었기 때문에 종희 고모의 상황을 잘 이해하고 있다.

책을 내 것으로 만드는 아이들 (30~31쪽)

1. [예시답]

1960년대부터 1980년대 표어를 보면 '알맞게 낳자'에서 '둘만 낳자'→'하나만 낳자'로 바뀌었다. 이 시기는 아이들을 너무 많이 낳아서 문제가 되는 때였다. 1990년대는 남아 선호 사상으로 남녀의 비율이 맞지 않는 문제가 생겼고, 2000년대 이후에는 아이를 낳지 않아 저출산이 심각한 사회 문제가 되었다.

[길라잡이]

시대별 가족 계획 포스터와 표어를 보고 우리나라 인구가 어떤 상황이었고, 어떻게 변해 왔는지 추론할 수 있도록 한다.

2. [예시답]

"엄마! 오늘 엄마만 안 와서 너무 속상했어. 엄마가 못 온 데는 이유가 있을 거라고 생각하면서도 섭섭한 건 어쩔 수 없더라고. 앞으로는 학부모 참관 수업이나 운동회, 학예회 때 아빠랑 상의해서 한 사람이라도 미리 휴가를 받으면 안 돼? 항상 나만 아무도 안 오니까 엄마 아빠한테 사랑받지 못하는 아이 같아서 친구들 보기에도 부끄러워."

[길라잡이]

아빠의 역할에 대해서도 생각해 볼 수 있도록 지도한다. 양성 평등 사회를 살아갈 아이들에게 아빠도 자녀 양육에 똑같이 참여하고 책임져야 한다는 사실을 일깨워 줄 필요가 있다.

3. [예시답]

찬성 : 중국은 세계에서 가장 인구가 많은 나라다. 그런 나라에서 인구가 급격하게 늘면 모든 것이 부족해진다. 먹을거리가 부족해져서 식량을 더 많이 생산하기 위해 비료와 농약 등을 사용하다 보면 토지는 황폐해질 것이다. 사람들이 살 집이 모자라 무분별하게 개발을 하게 되어 환경 오염이 가속화할 것이다.

반대 : 아이를 낳는 것은 개인의 자유다. 정부가 아이를 적게 낳으라고 권고할 수는 있지만, 더 많이 낳았다고 해서 법적으로 여러 가지 불이익을 주는 중국의 정책은 개인의 인권을 침해하는 것이다. 또한 당장 인구가 많다고 해서 출산을 제한하면 나중에는 출산율이 낮아져 다시 출산을 장려해야 하는 상황이 올 수 있다.

[길라잡이]

'인구 문제'라는 사회 공통의 과제를 해결하기 위해 개인의 자유를 제한해도 괜찮을지 구체적인 근거를 제시할 수 있도록 지도한다.

4. [예시답]

작성자	김로직
정책 제안 목적	저출산 문제를 해결하기 위해
대상	결혼한 부부, 결혼하지 않고 동거하는 커플, 한부모 가정의 자녀 등 모든 초·중·고 학생
구체적인 정책 내용	– 소득 수준이 높은 가정을 제외한 나머지 가정의 자녀, 결혼하지 않은 동거 커플의 자녀, 이혼했거나 헤어진 동거 커플의 자녀 등 모든 초·중·고 학생에게 매달 교육비를 지급한다. – 소득 수준에 따라 대학 등록금을 지원한다. 소득 수준이 낮으면 전액 지원, 소득 수준이 중간이면 50% 지원, 소득 수준이 높으면 지원하지 않는다.
예산 마련 방법	– 지금 지급하는 출산 장려금을 없애고 교육비로 지급한다. – 기업의 세금을 높인다. – 소득 수준이 높은 사람에게 세금을 더 받는다.
기대 효과	우리나라 사람들이 출산을 꺼리는 가장 큰 이유는 자녀의 교육비 부담이 크기 때문이다. 교육비 부담이 줄어들면 출산율이 오를 것이다

[길라잡이]

출산을 가로막는 가장 큰 요인이 무엇인지 고민한 뒤 그것을 해소하는 방안을 생각해 정책 제안을 하도록 지도한다. 또한, 노인의 경험과 지혜를 살리면서도 생계를 보장할 수 있는 질 높은 일자리에는 뭐가 있을지 여러 방면으로 고민할 수 있도록 한다.

[예시답 2]

작성자	박공주
정책 제안 목적	65세 이상 노인의 일자리 마련
대상	65세 이상 노인
구체적인 정책 내용	– 어린이집이나 유치원에서 옛이야기를 해 주는 일

예산 마련 방법	- 예산은 정부의 노인 일자리 마련을 위한 예산을 사용하면 된다. - 그리고 더 많은 이야기를 듣기 원하는 아이들이 있다면 약간의 추가 비용을 받아 급여를 높일 수도 있다.
기대 효과	고령자들 역시 해당 일자리에서 활약하여 사회 공공 이익에 이바지함을 보여 줄 수 있고, 자녀들이 어린이집이나 유치원에 오래 있기를 바라는 학부모의 기대도 충족할 수 있다.

[길라잡이]
현재 우리나라 노인 일자리 사업은 하루에 2~3시간 일하고 한 달에 30~50만 원가량을 받는 일자리가 대부분이라 생계비를 보장할 수 없다. 노인의 경험과 지혜를 살리면서도 생계를 보장할 수 있는 질 높은 일자리에는 뭐가 있을지 여러 방면으로 고민할 수 있도록 한다. 학교에서 급식을 나눠 주는 일이나 나이가 더 많거나 거동이 불편한 노인을 방문해 말벗을 해 주는 일 또는 공원이나 거리 청소하는 일을 맡길 수도 있을 것이다.

아이들을 위한 PSAT와 LEET(32~33쪽)

1. [정답] | ④
[길라잡이]
세계 합계 출산율 순위를 나타낸 막대그래프를 보고 제시된 자료를 비교하고 해석하는 문제이다. 그래프에 따르면, 니제르는 합계 출산율이 6.91명으로 합계 출산율이 가장 높고, 대만은 1.07명으로 가장 낮아 세계에서 아기를 가장 조금 낳는 나라라는 ①과 ②의 설명은 맞다. 일본 출산율은 1.38명, 중국은 1.60명으로 중국의 출산율이 더 높으니 일본 여성들이 중국보다 아기를 더 적게 낳는다는 ③의 해석도 맞다. 그래프를 보면 출산율 옆에 순위가 표시되어 있는데 일본은 출산율 순위가 227위, 한국은 235위라고 되어 있다. 따라서 한국보다 출산율이 높고 일본보다 낮은 나라는 228위~234위까지 7개 나라가 있다는 ⑤의 설명도 맞다. ④는 니제르가 출산율을 낮추기 위해 억제 정책을 펼치고 있다고 되어 있는데, 니제르가 세계 합계 출산율 1위이지만, 억제 정책을 펼치고 있는지는 이 그래프에 나와 있지 않다. 출산율이 높으니 출산 억제 정책을 펼칠 것이라는 생각은 막연한 추측에 불과하다. 따라서 정답은 ④이다.

2. [정답] | ③
[길라잡이]
이 문제는 속담의 뜻을 생각하여 같은 의미로 이어질 문장을 추론하는 문제이다. 진수는 폐교 반대 운동을 해 봤자 '계란으로 바위 치기'라고 생각한다. '계란으로 바위 치기'란 대항해도 도저히 이길 수 없는 경우를 비유적으로 이르는 말로, 진수는 폐교 반대 운동이 소용이 없을 것이라고 전망하고 있다. 따라서 진수의 말 뒤에 이어질 말은 폐교 반대 운동에 부정적이어야 하고, 결국 이 운동에 반대하는 의견이어야 한다. 따라서 정답은 ③이다. 폐교 찬성 운동을 하자는 ①은 진수가 폐교 반대 운동에 부정적이기는 하지만, 그렇다고 폐교에 찬성하는 것은 아니기 때문에 정답이 아니다. 계란이 되어 보자는 ②는 '도저히 이길 수 없겠지만 그래도 도전해 보자.'는 긍정적인 의미를 담고 있으므로 정답이 아니다. 찬반 여론 조사를 제안한 ④는 이미 폐교 반대 운동이 소용없다고 생각하는 진수 입장에서는 제안할 만한 내용이 아니기 때문에 정답이 아니다. 회의의 안건으로 폐교 반대 운동이 올라온 상태에서 의견을 나누고 있는 상황이고, 폐교에 대해서는 모두 부정적으로 생각하고 있으므로 ⑤도 정답이 아니다.

3. [정답] | ④
[길라잡이]
사실 부합 여부를 묻는 문제이다. 이 글에서는 출산율이 낮아진 여러 가지 이유를 나열하고 있다. 본문을 보면 출산율이 낮아진 이유로 가장 먼저 '결혼과 출산에 대한 가치관이 변했다.'는 ①의 내용이 나온다. 이어서 결혼은 반드시 해야 하고, 자식도 꼭 낳아야 한다는 생각을 했지만 점차 '결혼은 할 수도 있고 안 할 수도 있는 선택 사항'이 되었다는 ③의 내용과, '자식 역시 반드시 낳아야 되는 건 아니라는 생각으로 바뀌고 있다'는 ⑤번 내용도 언급되어 있다. 또, 'IMF 외환 위기를 겪으며 경제가 악화되었다.'는 ②의 내용은 본문의 첫 번째 문장에 드러나 있다. ④의 '여성들이 직장 일을 하며 아이를 낳아 키우는 것이 어렵다.'는 내용은 우리나라의 출산율이 낮아진 이유이기는 하지만, 본문에는 실려 있지 않기 때문에 ④가 정답이다.

4. [정답] | ④
[길라잡이]
문장의 의미를 비교 또는 대조하여 다른 점을 찾아보는 문제이다. ①과 ③은 1980년대, ②는 1970년대, ④는 2000년대, ⑤는 1960년대 표어이다. 1960년대~1980년대에는 정부가 출산율을 낮춰 인구가 늘어나는 것을 막는 출산 억제 정책을 펼치던 때이다. 그때의 표어는 '하나만 낳자'거나 '조금만 낳자'는 내용이다. 반면 ④는 30년 이상 이어진 출산 억제 정책으로 출산율이 낮아지자 정부가 인구 정책을 출산 억제에서 장려 정책으로 바꾸면서 내놓은 표어로, '더 낳아라'라는 뜻이 담겨 있다. 따라서 정부가 제작한 목적이 다른 표어는 출산 장려의 의미가 담긴 ④이다. 그러므로 ④가 정답이다.

걱정을 걸어두는 나무

 ### 책을 펴는 아이들(35쪽)

1. [예시답]
내 걱정을 종이에 적어서 걸어두면 동물들이 걱정을 해결해 준다. 동물들이 나를 즐겁게 해서 걱정을 잊게 해 준다.
[길라잡이]
책 제목 그대로 답하지 않도록 한다. 그림을 보고서 나무와 동물을 연계시켜서 상상력을 키울 수 있도록 이끌어 준다.

2. [예시답]
수학 성적이 안 올라요. 책 읽기가 너무 싫어요. 게임을 많이 하고 싶은데 엄마가 못하게 해요. 스마트 폰을 갖고 싶어요. 선생님에게 혼났어요.
[길라잡이]
지금 겪고 있는 고민이나 걱정, 스트레스를 구체적으로 적어 볼 수 있도록 한다.

책을 다시 읽는 아이들(36~37쪽)

1. [정답]
온몸에 붉은 두드러기가 난다. 엄지손톱을 물어뜯는다(12쪽, 14쪽). 취미로 모은 것들 분류하기(방 안에 고이 모아 놓은 신기한 물건들을 다시 나누는 일). (15쪽)

2. [정답]
걱정 나무. 줄리엣이 밤마다 걱정들을 걸어 놓는 나무이다. (36쪽)

3. [정답]

	이름	하는 일
웜뱃	볼프강	친구에 대한 걱정거리를 도와줌
개	디미트리	가족에 대한 걱정을 대신해 줌
돼지	페트로넬라	학교에 대한 걱정을 담당해 줌
염소	기네스	아플 때 도와줌
공작새	피어스	잃어버린 물건 때문에 생긴 걱정을 덜어 줌
오리	델리아	새로운 변화에 적응하는 일을 도와줌

4. [정답]
린지와 젬마가 줄리엣을 서로 차지하기 위해서 다투면서 줄리엣에게 선택을 강요하기 때문이다. (113쪽, 145쪽)

5. [정답]
자기 방을 양보하는 것. 아빠 물건들을 다시 서재에 들여 놓으면 집 안이 어지럽힌다고 엄마가 아빠에게 잔소리를 하지 않을 것이라고 생각했다. (135쪽, 137쪽)

6. [정답]
뒤뜰에 창고를 하나 지어서 아빠의 연구실로 사용하기로 했다. (162쪽)

7. [정답]
안전 경보기를 목에 걸고 있으면 스스로는 아무것도 할 수 없는 늙은이라는 걸 인정하는 것 같아서. (157쪽)
[길라잡이]
단순히 늙는 것이 싫은 것이 아니라 스스로 아무것도 할 수 없는 쓸모없는 사람처럼 느껴지는 것이 싫다는 사실을 알 수 있도록 한다.

8. [정답]
어떤 모양으로 자랄지 상상하면서 상상 속의 나무를 만들 수 있고, 할머니만의 걱정 나무를 만들어 드리고 싶어서. (172~173쪽)

 ### 책을 깊게 읽는 아이들(38~39쪽)

1. [예시답]

	린지	젬마
외모	머리카락이 철사처럼 빳빳하여 사방으로 뻗쳐 있다. (44쪽, 118쪽)	포동포동하고 뽀얀 우윳빛 얼굴이고 콧잔등에 주근깨가 있다. 엷은 색 갈색 머리와 가지런히 나 있는 이가 있다. (45쪽)
성격	겁이 많다. 약간 비겁하다. 호기심 많고 영리하지만 침울한 면이 있고 새로운 친구에게 친절하지 않다. 도롱뇽 키우기가 취미이다. (98쪽, 141쪽)	유쾌하고 용감하지만 생각 없이 다른 사람의 물건을 만지는 버릇이 있다. TV 광고 보기가 취미이다. (99쪽, 141쪽)

[길라잡이]
인물을 소개할 때는 외모, 성격, 특성, 취미, 장단점 등을 요약하여 소개할 수 있도록 한다. 특히 성격을 설명할 때는 왜 그렇게 생각했는지 구체적인 예를 들면서 이야기할 수 있도록 지도한다. 예를 들어 "린지가 왜 겁이 많다고 생각했니?"라는 질문을 해서 "휴가 줄리엣을 괴롭힐 때 모른 척하는 것을 보니까 겁이 많은 것 같아요."라고 구체적인 예를 찾을 수 있도록 한다.
만약 답을 찾지 못하고 있다면 선생님이 구체적인 예를 이야기해 주고 그 속에서 성격을 추론할 수 있도록 한다. 예를 들어 "줄리엣이 휴에게 괴롭힘을 당할 때 린지는 사과만 보고 있었는데 이걸 볼 때 린지의 성격은 어떤 것 같니?"라는 질문을 던져서 겁이 많은 것 같다, 친구를 도와주지 않으니까 약간 비겁한 것 같다는 등의 답을 끌어내도록 지도한다.

2. [예시답]
* 줄리엣의 성격 때문이다. 줄리엣은 소심해서 자기가 하고 싶은 말도 하지 못하고 무조건 참기만 하다 보니

까 걱정이 많은 것이다. 또는 줄리엣은 착해서 다른 사람들에게 짜증내거나 속상하게 하고 싶지 않아서 자신이 다 해결하려고 하다 보니 걱정이 많다.
* 줄리엣이 걱정이 많은 것은 가족과 친구들 때문이다. 할머니, 아빠, 엄마, 동생, 친구들 모두 줄리엣을 이해하고 배려해 주기보다는 자신들의 문제를 줄리엣에게 책임을 느끼도록 했기 때문이다.

[길라잡이]
줄리엣이 걱정이 많은 이유가 단순히 줄리엣의 성격 탓인지 환경 탓인지 생각해 보고, 어느 쪽에 더 큰 문제가 있는지 판단해 보도록 한다.

3. [예시답]
줄리엣은 그동안 자기감정이나 속상한 것을 표현하지 않고 참기만 했었는데 걱정 나무의 동물들에게 고민을 이야기하면서 용기와 자신감을 얻었다. 그래서 자신의 감정과 의견을 분명히 이야기하면서 문제들을 하나씩 해결하였다.

[길라잡이]
자신의 의견을 당당하게 말하지 못하고 걱정하거나 피하기만 해서는 문제가 해결되지 않는다는 것을 알 수 있도록 한다.

4. [예시답]
줄리엣의 할머니는 화학 대학 총장까지 했던 능력 있는 사람이었는데 누군가의 도움을 받아야만 하는 쓸모없는 사람이 된 것 같아서 짜증이 난다.

[길라잡이]
줄리엣의 엄마와 아빠는 할머니의 마음은 생각하지도 않고 무조건 도움이 필요한 사람으로 할머니를 대한다. 이것이 할머니를 진심으로 생각하는 태도인지 생각해 보고, 줄리엣의 할머니를 행복하게 할 수 있는 방법에는 어떤 것들이 있는지 알아본다.

5. [예시답]
* 지나친 걱정은 오히려 정신 건강에 좋지 않다고 하는데 줄리엣이 자기가 해결할 수 없는 문제까지도 걱정하는 것은 바보 같다고 생각한다.
* 가족들의 행복을 위해서 참고 걱정하는 것은 당연하다고 생각한다.

[길라잡이]
근심이나 걱정이 있으면 누구에게든 말하는 것이 좋다. 무조건 참는 것만이 좋은 것이 아니라 화를 내야 할 때는 화를 내고, 의견을 말해야 할 때는 분명히 자신의 의견을 말할 수 있을 때 어려운 일도 견뎌낼 수 있고 성장할 수 있다는 이 책의 주제를 파악해 보도록 한다.

책을 내 것으로 만드는 아이들(40~41쪽)

1. [예시답]
* 나는 유명해지고 싶어. 왜냐하면 나는 다른 사람들에게 좋은 영향을 끼치고 싶거든.
* 나는 하늘을 날고 싶어. 왜냐하면 새처럼 하늘을 훨훨 날면 내가 가고 싶은 곳은 어디든 갈 수 있으니까.
* 나는 냄새를 못 맡는 게 나을 것 같아. 왜냐하면 음식을 만들 때는 냄새보다 맛이 더욱 중요하기 때문이다.

[길라잡이]
책 내용과 상관없이 재미있는 답이 나올 수 있도록 한다.

2. [예시답]
심심해 심심해 정말 정말 심심해-, 게임 못하면 정말로 심심해서 따분해.
걱정마 걱정마 해결 방법이 있어, 엄마 아빠랑 공원에 가서 배드민턴 치면 재미있어.

[길라잡이]
책을 펴는 아이들 2번 문제에서 걱정 나무에 걸어두었던 걱정이나 고민을 넣어서 할 수 있도록 한다.

3. [예시답]
* 나는 네가 다른 사람한테 욕할 때 그 욕을 마치 나한테 하는 것 같은 기분이 들어.
* 나는 날씬한 네가 살을 빼야 한다고 할 때 나는 진짜 뚱보 같다는 기분이 들어.
* 나는 네가 먼저 집에 가야겠다고 할 때 나는 외톨이가 된 것 같은 기분이 들어.

[길라잡이]
여기서는 상대방의 칭찬이나 비난에 초점을 맞추기보다는 자신의 기분을 표현하는 데 초점을 맞출 필요가 있다. 자신이 느끼는 감정에 대해서는 누구도 뭐라고 할 수 없지만 상대방에 대해 말을 하면 자칫 오해할 수 있기 때문이다.

4. [예시답]
* 부모님에게 대신 해결해 달라고 부탁한다.
* 게임을 하면서 잊어버린다. / * 잠을 잔다.

[길라잡이]
직접 사용하고 있는 방법을 이야기하도록 한다.

5. [예시답]
엄마, 제 머리는 미용실에 가서 자르고 싶어요. 저도 다른 친구들처럼 요즘 유행하는 머리 모양으로 자르고 싶어요. 친구들이 놀리면 정말 속상해요. 그러니까 이제부터는 머리 모양 때문에 친구들에게 놀림 받지 않기 위해서라도 미용실에 가서 머리 자르고 싶어요.

[길라잡이]
정확한 이유와 함께 자신의 의견을 말할 때 더욱 설득력이 있다는 것을 알 수 있도록 지도한다.

아이들을 위한 PSAT와 LEET(42~43쪽)

1. [정답] | ③
   [길라잡이]
   지문 내용의 바른 이해를 통해서 등장인물의 마음을 생각해 보는 문제이다. ①은 할머니가 직접 말한 부분이다. ② 할머니가 그동안 만들었던 것들을 전부 태우고 있는 것은 새로운 변화를 기대하는 할머니의 의지를 말한다. ④ 할머니는 늙은이라는 걸 인정하는 것 같아서 안전 경보기를 목에 걸기 싫어한다. ⑤ 할머니는 스스로는 아무것도 할 수 없는 쓸모없는 존재가 된 것 같아서 속상하다. 할머니는 일 자체를 하고 싶은 것이라기보다 쓸모 있는 존재가 되고 싶어 한다. 따라서 ③이 할머니에 대해서 잘못 설명하고 있는 것이다. 어떤 일이든 하고 싶어 하는 것이라면 빨래집게와 코르크로 만들기를 하면서도 만족했을 것이기 때문이다.

2. [정답] | ①
   [길라잡이]
   지문 이해를 바탕으로 행동의 근거를 추론하는 문제이다. 줄리엣은 스트레스를 받으면 손톱을 씹는 버릇이 있다. 줄리엣이 스트레스를 받게 된 일이 무엇인지를 파악하는 문제이다. 휴가 줄리엣을 괴롭히기 위해서 도시락을 못 먹게 한 사실보다는 휴에게 괴롭힘을 당하고 있을 때 린지가 자신을 도와주지 않고 모른 척한 사실에 줄리엣은 더 큰 스트레스를 받았다. 따라서 ①이 정답이다. ②는 가슴과 마음의 차이를 알아야 한다. 가슴은 신체의 어깨부터 시작해 명치에 이르는 몸의 앞부분을 말하고, 마음은 사람이 본래부터 지닌 성격이나 품성 또는 감정이나 생각, 기억 따위가 깃들이거나 생겨나는 곳을 말한다. 그러므로 가슴이 아니라 마음이라 표현해야 한다.

트리갭의 샘물

🎓 책을 펴는 아이들(45쪽)

1. [정답]
   (1) 기품 (2) 삼복더위 (3) 자태 (4) 윤곽 (5) 사태
   (6) 괘종시계 (7) 지평선

2. [정답]

책을 다시 읽는 아이들(46~47쪽)

1. [정답] | 87년 동안 (19쪽)
2. [정답]
   매와 제시 마일스는 위니를 말에 태우고 어디론가 달리기 시작했다. (45~47쪽)
3. [정답] | 뮤직박스 소리
   [길라잡이]
   뮤직박스 소리로 노란 옷의 남자가 터크 가족을 기억해 냈다는 것도 짚어 줍니다. (50쪽)
4. [정답]
   본인들의 가족이 트리갭 마을에 있는 위니네 집 소유의 숲에서 샘물을 마신 후 더 이상 늙지 않았다는 이야기를 들려주었다. (53~60쪽)
5. [정답] | 노란 옷의 남자
6. [정답]
   터크 씨네 가족들은 시간이 지나도 늙지 않았기 때문에 사람들은 그들을 이상하게 생각하였다. (65쪽)
7. [정답]
   샘의 위치를 알려 주고 광고하는 것을 도와 달라며 거기에 대해서는 대가를 지불하겠다고 했다. (141쪽)
8. [정답]
   17살 되면 샘물을 마시고 자기와 함께하자고 했다. (106쪽)
9. [정답]
   터크의 엽총을 휘둘러 쓰러뜨렸다. (145~146쪽)
10. [정답]
    숲이 있던 곳도 사라져 샘물을 찾을 수가 없었다. (194쪽)

🐧 책을 깊게 읽는 아이들(48~49쪽)

1. [예시답]
   위니를 찾아 주면 그 대가로 숲을 자기에게 넘겨 달라는 것이다.
   [길라잡이]
   노란 옷의 사내는 위니 구출은 핑계이고 샘물을 갖고 싶어 할 뿐이다.

2. [예시답]
   세상 모든 생명은 수레바퀴가 구르듯 순환의 원리에 따라 변화하는 것이 당연하다. 그러나 우리 가족은 생명 순환의 원리에서 제외되었다고 생각해서 힘들다.
   [길라잡이]
   "운명의 수레바퀴는 우리를 스쳐 지나가고 있다."는 말은 자신들은 수레바퀴와 상관없이 끝없이 산다는 의미인데 그렇게 사는 것이 힘든 일이라고 말하는 것이다.

3. **[예시답]**
   영원히 사는 것을 힘들어하는 터크에게는 노란 옷을 입은 남자의 죽음은 매우 부러운 일이었을 것이다.

4. **[예시답]**
   위니가 샘물을 마시지 않았으며 이미 사망했다는 사실이다.

   [길라잡이]
   제시가 위니에게 샘물이 담긴 물병을 주면서 17살이 되면 자신과 같이 떠나자고 제안했는데, 위니가 죽었다는 것은 샘물도 마시지 않았음을 의미한다.

5. **[예시답]**
   터크 가족에게는 말과 고양이가 있었다. 가족과 말은 같이 샘물을 먹었지만 고양이만은 샘물을 먹지 않았고 고양이는 이미 10년 전에 죽었기 때문이다. (57쪽)

책을 내 것으로 만드는 아이들(50~51쪽)

1. **[예시답]**

인물	태도
매	현실에 순응하며 주어진 상황에 따라 살아간다.
터크	상황을 받아들이지 못하고 괴로워한다.
제시	세상 곳곳을 다닐 수 있어 인생은 즐기는 것이라 생각하며 살아간다.
마일스	어차피 주어진 삶이라면 가치 있는 일을 하며 살아가려 한다.

공감하는 사람과 그 까닭 : 나는 매의 태도에 공감한다. 영원히 살게 된 것은 그들이 처한 현실이고 그 속에서 주어진 삶을 긍정적으로 살지 않으면 늘 괴롭고 힘들기 때문이다.

2. **[예시답]**
   - 내가 위니라면 샘물을 마셨을 것이다. 젊고 건강한 나이로 제시처럼 잘생긴 남자 친구와 즐겁게 여행한다는 건 생각만 해도 기쁜 일이기 때문이다.
   - 내가 위니라면 마시지 않았을 것이다. 터크 씨의 말처럼 세상의 모든 생명은 순환하는 것이 당연하기 때문이다.

   [길라잡이]
   어떤 쪽의 주장을 하든 그 이유가 적절하면 무난한 답이라고 할 수 있다. 불로장생(不老長生)은 진시황을 비롯한 많은 사람들의 꿈이었지만, 또한 자연의 원리를 어겨서 좋은 경우가 없었다는 이야기도 해 줄 필요가 있다.

3. **[예시답]**
   - **매의 행동은 정당하다.** 노란 옷의 남자는 위니를 끌고가 샘물을 먹인 뒤 광고에 이용하려고 했다. 매는 위니를 지키고 샘물의 비밀을 지키기 위해서는 노란 옷의 남자가 죽어도 괜찮다고 생각했을 것이다.
   - **매의 행동은 정당하지 않다.** 노란 옷의 남자가 가족과 위니에게 위협적인 인물이었다고 하더라도 그것이 그가 죽어도 되는 정당한 이유는 되지 못한다. 그도 누군가에게는 사랑하는 가족일 것이고 인간이 누려야 할 권리를 가진 사람이기 때문이다. 그리고 그가 잘못했다고 해도 죽을 정도로 잘못한 것은 아니다.

   [길라잡이]
   "정당방위"가 성립하기 위해서는 구성 요건이 필요하다.
   첫째, '타인으로부터 현재의 부당한 침해가 있을 것'이다.
   둘째, '자기 또는 타인의 법익을 방위하기 위한 행위'다. 여기서 '법익'이란 법률상 보호되어야 할 모든 이익을 말한다. 타인의 법익을 위해서도 정당방위는 가능하다.
   셋째, 방위 행위가 '상당한 이유가 있어야' 한다. 이것은 사회 통념상 필요하다거나 정당하다고 인정되는 것을 말한다. ↔ 과잉방위

4. **[예시답]**
   예시 1. 자신의 꿈을 이루기 위해 열심히 노력하고 성공하는 삶이다. 예컨대 의사가 되어 어려운 사람들을 돕고 의료 시설이 열악한 나라에 가서 의료 봉사를 하는 삶은 가치 있는 삶이다.

   예시 2. 다른 사람들이나 사회에 도움이 되는 삶이 가치 있는 삶이고, 행복한 삶이다. 다른 사람들이 행복해지면 자신도 행복해지기 때문이다.

   [길라잡이]
   가치 있는 삶에 대한 의견은 다양할 수 있다. 그것이 개인에 한정되어 있든, 사회로 확대되어 있든 모든 삶은 그 나름의 가치가 있다.

아이들을 위한 PSAT와 LEET(52~53쪽)

1. **[정답] |** ④

   [길라잡이]
   글의 서술 방식을 묻는 문제이다. 묘사는 어떤 대상이나 사물, 현상 등을 글로 쓰거나 그림을 그려 표현하는 것을 묘사라고 한다. 지문은 집안의 모습을 묘사하고 있다. 따라서 정답은 ④이다. ① 대조는 두 대상의 차이점을 들어 설명하는 방법이고 ② 예시는 "나무에는 은행나무, 밤 나무, 느티나무 등이 있다."와 같이 구체적인 예를 들어 설명하는 방법이고 ③ 인과는 원인과 그 결과를 밝혀 설명하는 방법이다. ⑤ 분석은 자동차를 엔진, 핸들, 바퀴와 같은 구성 요소로 나누어 설명하는 방법이다. 따라서 ①, ②, ③, ⑤는 정답과는 거리가 먼 방법이라고 할 수 있다.

2. **[정답] |** ③

   [길라잡이]
   맥락을 이해하여 그 상황에 맞는 사자성어를 추론하는

문제이다. 이런 문제를 풀려면 맥락도 이해해야 하지만, 사자성어의 뜻도 알아야 한다. 마지막 문장은 곧 큰일이 벌어질 수 있다는 사실을 보여 준다. 따라서 "한 번 닿기만 하여도 곧 폭발한다."는 뜻으로, 조그만 자극에도 큰일이 벌어질 것 같은 아슬아슬한 상태를 이르는 말인 ③의 일촉즉발(一觸卽發)이 정답이다. ① 아전인수(我田引水)는 "자기 논에만 물을 끌어넣는다."는 뜻으로, 다른 사람의 이익은 도외시하고 자기의 이익만 생각하고 행동한다는 말로 정답과 거리가 멀고, ②의 타산지석(他山之石)은 "다른 산의 돌"이라는 뜻으로, 다른 사람의 하찮은 언행이라도 자기의 지덕을 닦는 데 도움이 됨을 이르는 말이고 ④의 낭중지추(囊中之錐)는 "주머니 속에 있는 송곳"이란 뜻으로, 재능이 아주 빼어난 사람은 숨어 있어도 저절로 남의 눈에 드러난다는 의미이며, ⑤의 각골난망(刻骨難忘)은 "은혜에 대한 고마운 마음이 뼈에까지 사무친다는 뜻으로 정답과는 거리가 멀다.

3. [정답] | ③
[길라잡이]
사실 부합 여부를 묻는 문제이다. 제시문은 이 세상의 생명은 태어나고 죽으며 수레바퀴처럼 순환하는 것은 인간도 마찬가지여야 하는데, 영원히 사는 터크 가족의 삶은 쓸모가 없다고 생각한다. 이것은 세상의 원리에 대해 말하고 있다고 볼 수 있다. 또한 생명 순환의 원리에 따라 그 일부가 되어 죽고 사는 것은 축복이라고 여긴다. 따라서 ①과 ② 그리고 ④는 맞는 말이므로 정답이 아니다. 더 나아가 영원히 살게 된 터크 가족은 생명의 수레바퀴에서 벗어나 버렸기에 바퀴와 관계가 없다고 생각한다. 따라서 ⑤도 정답이 아니다. 그러나 존재하는 것이 모두 중요하다는 내용이 제시문에는 나오지 않는다. 따라서 답은 ③이다.

4. [정답] | ④
[길라잡이]
해당 문장의 근거를 찾는 추론 문제이다. 위니는 커다란 나무를 보지만 그것이 문제가 아니라 그 나무둥치에 기대어 있는 소년이 너무나 잘생겨 자신의 마음을 단박에 사로잡혔기 때문에 입을 딱 벌리고 말았다. 그러므로 정답은 ④이다. 돌아서서 달아날 생각을 한 것은 소년을 보기 전이고, 중요한 건 큰 나무가 아니었다는 것은 입을 벌린 이유와 전혀 상관이 없고, 달아나려는 생각이 사라진 이유와 입을 벌린 이유는 동일한 이유이기 때문에 정답과 상관이 없다. 그리고 중요한 건 큰 나무가 아니었다. 따라서 ①, ②, ③, ⑤는 정답이 아니다. 주장과 근거를 묻는 대부분의 문제에서 주장과 근거는 앞뒤에 있는 경우가 많은데, 이 문장은 조금 떨어져 있기 때문에 주의할 필요가 있다.

로봇 친구 앤디

책을 펴는 아이들(55쪽)

1. [길라잡이]
아이들이 어떤 그림을 그리든 그 이유를 들어 보고 칭찬해 줄 필요가 있다.

2. [정답]

1) 안드로이드 2) 사이보그 3) 인공 지능
4) 흡족 5) 전환되다 6) 임상 실험

책을 다시 읽는 아이들(56~57쪽)

1. [정답] | 1학년 때 헤어진 친구 신도윤. 그 친구는 몸이 약했다.
2. [정답] | 안드로이드 앤디
인간과 비슷하게 말하고 행동한다.
3. [정답]
유모차가 트럭에 끼었을 때 아무도 몰래 앤디가 트럭을 들어올린 사건
4. [정답] | 이루 삼촌이 만들어주신 의족 때문이다.
5. [정답] | '이름 스위치 작전'
[길라잡이]
바닷가 마을로 이사를 간 후 처음 유치원에 갔을 때 날마다 울던 이루에게 엄마는 친구 이름 하나만 알아서 오라고 했다. 그 친구의 이름을 불러서 친한 친구가 되었는데 그 친구가 도윤이었다.
6. [정답] | 기억
[길라잡이]
양철 나무꾼의 마음은 양철로 되어 있어 아무것도 느끼지 못하는 점이 닮았다. 나도 마음이 갖고 싶지만 마음은 기억일지도 모르겠다고 생각한다.
7. [정답] | 할아버지가 투여한 기억 소거술과 호르몬 주사
[길라잡이]
태오는 어릴 때부터 몸이 약했다. 부모님과 함께 타고 있는 차 사고로 부모님을 잃고 할아버지 손에 의해 깨어났는데, 할아버지는 태오를 강하게 키우기 위해 기억 소거술로 엄마에 대한 기억도 지우고 호르몬 주사를 통해 몸이 로봇처럼 강하게 되는 임상 실험을 한다. 사실 태오의 엄마는 자기 집에 필요 없는 존재라는 이유로 지하 감옥에 가두어 놓고 태오만을 후계자로 키우려고 했다.

8. [정답]
사고나 질병으로 신체장애를 갖게 된 사람들에게 새로운 인생을 살아갈 수 있도록 돕는다.

책을 깊게 읽는 아이들(58~59쪽)

1. [예시답]
   이루의 성격 : 정의롭다, 정이 많다, 성격이 급하다. 등등
   앤디의 성격 : 정의롭다, 마음이 따뜻하다, 착하다, 신뢰감 있다. 등등
   태오의 성격 : 이기적이다, 잔인하다, 의심이 많다, 심술궂다. 등등
   세아의 성격 : 타인을 걱정한다, 배려한다. 등등
   [길라잡이]
   성격을 나타내는 다른 표현을 써도 된다. 성격을 알아볼 수 있는 곳에다 밑줄 긋기를 하는 것도 도움이 될 것이다.

2. [예시답]
   허약한 체질의 신도윤이 아닌 강력한 힘을 가진 신태오가 되었다. 또는 과거를 기억하지 못한다는 뜻도 된다.
   [길라잡이]
   밑줄 친 문장의 의미를 알아보는 것으로 부모님을 사고로 잃고 할아버지에 의해 허약했던 몸이 강철 스프링이라도 달린 듯 높이 뛰어오르며, 아프지도 않고, 게임, 공부, 토론 무엇이든 잘 해냈다. 그 의미는 할아버지가 태오를 대상으로 아직 완전하지 않은 사이보그 임상 실험을 했기 때문이다.

3. 1) [예시답]
   태오를 강하게 만들어서 그룹의 후계자로 만들려고 했기 때문이다.
   [길라잡이]
   태오 할아버지는 강한 것은 강한 힘을 가진 것이라고 믿고 있다. 사람들의 감정을 약한 사람들의 변명이라고 믿으며, 자신의 손자나 며느리까지도 자신에게 도움이 되지 않으면 임상 실험을 하거나 지하 감옥에 가두는 등 잔인한 짓도 서슴지 않는 비윤리적인 사람임을 알려 준다.

3. 2) [예시답]
   강하다는 것은 자신의 일을 알아서 할 뿐만 아니라 약자를 도와주는 사람이라고 생각합니다. 왜냐하면 자신의 할 일을 잘하면서도 약자를 도울 때 약자에게 진정한 도움을 줄 수 있기 때문입니다. (각자의 생각을 까닭과 함께 쓴다.) 그런데 여기서는 '강하다'는 뜻이 다른 사람을 배려하지 않고 자신의 힘이나 능력만을 믿는 것을 의미한다.
   [길라잡이]
   태오의 할아버지는 다른 사람의 감정은 생각하지 않고 항상 최고와 1등만이 강한 사람이라고 생각한다. 그런 할아버지를 비판해 보고 자신의 생각을 정리할 수 있도록 한다.

4. 1) [예시답]
   (개인의 생각이 중요하지만 까닭을 꼭 밝힌다.) 앤디. 앤디는 로봇이지만 다른 사람을 이해하고 배려하려고 노력한다. 하지만 태오는 자신 외에는 아무것도 생각하지 않고 오로지 이기려고만 했기 때문이다.
   [길라잡이]
   태오는 건강해진 대신 다른 사람과 공감하지 못하고 다른 사람의 고통을 이해하지 못한다. 강해야 한다는 할아버지의 가르침에 따라 자신보다 약하거나 못하는 친구에 대한 배려 없이 오로지 승부에만 집착하다. 하지만 앤디는 로봇인데도 불구하고 이루와 우정을 느끼고, 다른 사람을 도와주려는 태도를 보이고 있다. 또, 이루가 태오 때문에 위기에 처했을 때, 사막의 섬에서 불이 났을 때도 끝까지 자신을 희생하는 모습을 보였다.

4. 2) [예시답]
   (개인의 생각이 중요) 다른 사람과 소통하고 공감할 수 있다는 뜻이다. 사람이 느끼는 고통과 아픔, 그리고 배려와 양보를 하는 것이 인간다운 행동이라고 생각한다.
   [길라잡이]
   기준이 없으므로 개인의 생각을 모두 들어 보도록 한다. 인간은 사회적 동물이므로 사회적 유대가 형성되고 유지되는 방법을 고려해 보면 좋을 것이다.

책을 내 것으로 만드는 아이들(60~61쪽)

1. [예시답]
   ㉠ 동의한다. 왜냐하면 그 친구가 빠지지 않으면 이길 수 없기 때문이다. 한 사람에게는 속상한 일이지만 전체를 위해서는 그 친구가 빠져야 한다. 물론 그런 아이라고 해도 듣기 좋게 말해야 할 것이다.
   ㉡ 동의하지 않는다. 왜냐하면 승리보다는 팀워크가 중요하기 때문이다. 물론, 이기면 좋겠지만 승리를 위해서 한 사람을 강제로 그만 두게 하면 그 친구에게 큰 상처가 될 수 있다.
   [길라잡이]
   ㉠이나 ㉡ 둘 중 하나를 선택해서 답변을 제시한다. 근거가 잘 드러날 수 있게 쓰도록 지도한다. 팀워크가 중요한지 승리가 중요한지 또는 전체의 승리가 중요한지 개인의 감정이 중요한지가 잘 드러날 수 있도록 한다.

2. 1) [예시답]
   체육 시간에 무슨 종목에서든 1등하고 싶다.
   [길라잡이]
   태오와 같은 부정적 의미보다는 무엇이든 할 수 있는 능력이 생긴다는 것에 중심을 두면 좋을 것이다.(만화 영화

15

'은하 철도 999'의 철이를 보여 주면서 사이보그에 대해 생각해 보는 것도 도움이 될 수 있다.)

2. 2) [예시답]
   1) 죽지도 않으면서 못할 것이 없는 삶이라 좋을 것 같다.
   2) 다른 사람은 다 모습이 변하는데 나만 모습이 변하지 않아 다른 사람들이 괴물이라고 생각할 것 같다.

   [길라잡이]
   사이보그로서의 삶을 산 1)에 대해 이야기가 끝난 후 긍정적인 면과 부정적인 점을 함께 다루면 사고의 폭이 넓어질 것이다.

3. [예시답]
   1) 안드로이드의 주인이 책임을 져야 합니다. 왜냐하면 도덕적 기준이 없는 로봇에게 지나치게 의존하다 보니 로봇이 잘못된 방법으로 주인을 도와주었기 때문입니다.
   2) 안드로이드가 책임져야 합니다. 안드로이드는 명령에 의해 움직이는 로봇인데, 주인을 위해서 자신이 마음대로 결정해서 사람을 다치게 했기 때문입니다.

   [길라잡이]
   앤디와 같은 안드로이드는 머지않은 미래에 우리와 함께할 수 있다고 한다. 물론 장점도 있겠지만 이루의 걱정처럼 도덕적 기준을 모르는 안드로이드는 주인의 명령에 의해 살인, 강도와 같은 흉악 범죄를 저지를 수 있고, 안드로이드에 의해 교통사고 등이 발생하였을 때 누가 그 책임을 져야 할까? 영국은 이미 그 법의 개정을 2000년도에 입법했다고 하니 더 이상 우리도 미룰 수 있는 문제가 아니다. 당장 2020년이면 자율 주행차가 다닌다고 하는데, 우리는 얼마나 준비가 되어 있을까? 아이들의 생각을 들어 보는 것이 필요할 것이다.

4. [예시답]
   엄마가 걱정하실까 봐 말씀을 드리지 않는 것이 낫다고 생각합니다. 왜냐하면 큰일도 아니고 제가 스스로 해결할 수 있는데, 어머니가 알게 되면 걱정도 하고 일도 더 커져서 결국 좋지 않은 결과가 생깁니다.

   [길라잡이]
   선의의 거짓말에 대한 아이들의 자유로운 생각을 모두 표현하게 한다.

 아이들을 위한 PSAT와 LEET(62~63쪽)

1. [정답] | ④
   [길라잡이]
   지문의 전체 내용을 일반화할 수 있는지의 여부를 묻는 발문이다. 지문에서 태오의 할아버지는 태오를 강한 사람으로 만들기 위해 태오가 지는 것에 분노하고 화가 나면 총부터 꺼낼 정도라는 것이다. 지문 대부분이 태오 할아버지의 성격을 드러내는 직접, 간접적인 표현으로서 할아버지에 대한 소문을 이야기하고 있다. 따라서 정답은 ④이다. "태오의 장난감 총"은 태오의 성격을 나타내는 도구일 뿐이고, "태오네 집에 대한 소문"이나 "태오네 일꾼들에 대한 소문"은 핵심을 벗어난 것이다. 집이나 일꾼보다 성격이 중요하다. 여기서는 태오의 성격도 중요한데 태오의 포악한 성격에 대한 근거로서 태오 할아버지에 대한 소문이 지문 앞뒤로 이어지고 있다. 따라서 "태오의 성격"보다는 "태오 할아버지"가 더욱 중요하다고 하겠다.

2. [정답] | ①
   [길라잡이]
   추론의 근거를 찾는 발문이다. 과학의 발전은 우리 사회를 편리하게 만들었고, 산업을 발전하게 하여 경제적인 부를 만들었다는 지문에서, ②, ③, ④, ⑤ 모두 과학 기술의 발달이 이루어 낸 긍정적인 결과물이며, 과학 기술이 발달했다는 주장의 근거가 된다. 이 문장들을 읽은 후에 "이게 다 과학이 발달한 덕분이다."라는 문장을 넣으면 자연스럽게 이어진다는 사실을 알 수 있다. 하지만 ①은 과학의 발전과는 무관한 정서적인 영역이다. 시를 외우고 그림을 그리는 것은 시간 낭비라는 말은 주장이 될 수는 있지만 근거로 보기는 어렵다. 그리고 더 나아가 시와 그림은 과학과는 다른 영역이므로 시를 외우고 그림을 그리는 것이 시간 낭비라는 것을 근거로 과학과 관련된 주장을 하기는 어렵다. 시를 잘 써도 과학자가 될 수 있고, 그림을 못 그려도 과학자가 될 수 있다는 것이다.

3. [정답] | ⑤
   [길라잡이]
   5학년 교과서에 연극하기가 있다. 연극은 극본이 기본이다. 여기서는 일반적인 이야기를 연극의 대본으로 바꿀 때 어떻게 바꾸는 것이 좋은지를 물어 사고의 전환을 잘하는지를 알아보고자 한다. 희곡의 구성 요소인 해설, 지문, 대사의 역할을 알고 줄글을 극본으로 바꾸었을 경우 지문으로 적합한 것을 고르면 된다. 지문에서 태오가 '쳇'이란 말을 썼기 때문에 기분이 나쁘다는 표현이 들어가는 것이 좋을 것이다. 그리고 "태오는 기분 나쁜 표정으로 뇌까렸다."는 문장의 '뇌까렸다'라는 단어도 기분이 나쁠 때 하는 말이다.
   따라서 정답은 걱정스러운 말도 아니고, 격양 즉 화가 난 말도 아니며, 한심한 것도 아니다. 물론 기분 좋은 표정도 아니다. 따라서 정답은 ⑤이다.